CB142852

Pequeno livro de

ESTILO

Guia para toda hora

Dados Internacionais de Catalogação na Publicação (CIP)
(Câmara Brasileira do Livro, SP, Brasil)

Vaz, Ana.
Pequeno livro de estilo : guia para toda hora / Ana Vaz. -- Campinas, SP : Verus Editora, 2007.

ISBN 978-85-7686-011-2

1. Auto-percepção 2. Estilos de vida 3. Imagem (Psicologia) 4. Moda 5. Vestuário - Guias 6. Vestuário (Psicologia) I. Título.

07-1281 CDD-391

Índices para catálogo sistemático:

1. Estilo pessoal : Vestuário : Guias 391

Ana Vaz

Pequeno livro de ESTILO

Guia para toda hora

VERUS editora

Copidesque
Ana Paula Gomes
Carlos Eduardo Sigrist

Revisão
Ana Paula Gomes
Carlos Eduardo Sigrist
Raïssa Castro

Ilustrações
Kariny Bassi

Capa & Projeto Gráfico
André S. Tavares da Silva

© 2007 Verus Editora

Todos os direitos reservados.
Nenhuma parte desta obra pode ser reproduzida ou transmitida por qualquer forma e/ou quaisquer meios (eletrônico ou mecânico, incluindo fotocópia e gravação) ou arquivada em qualquer sistema ou banco de dados sem permissão escrita da editora.

VERUS EDITORA
Av. Brasil, 1999, Jd. Chapadão
13070-178 - Campinas/SP - Brasil
Fone/fax: (19) 4009-6868
verus@veruseditora.com.br
www.veruseditora.com.br

SUMÁRIO

INTRODUÇÃO

Querida leitora, não se deixe enganar pelo tamanho deste pequeno livro. Já vou avisando que, assim como o anterior – *Pequeno livro de etiqueta* –, ele é ambicioso!

Um dos objetivos deste livro é colocá-la em controle das escolhas que faz sobre como se vestir, permitindo que você mesma determine as peças que a valorizam, que têm tudo a ver com seu estilo. A intenção é que *você*, leitora, e não a moda, ou sua melhor amiga, ou seu marido, ou as celebridades das revistas semanais, ou os personagens da novela, dite o que deve ou não usar. Queremos que você aprenda a selecionar peças que se ajustem a seu tipo físico, sua personalidade e seu estilo de vida. Aliás, somente quando se veste de acordo com eles – e também de acordo com seus objetivos, necessidades e vontades – você consegue desenvolver um estilo próprio. Este livro quer que você, além de (re)descobrir seu verdadeiro estilo – uma das maneiras mais contundentes de mostrar ao mundo quem você é –, aprenda a adequá-lo às mais diversas ocasiões e, dessa forma, desenvolva uma imagem pessoal sempre positiva – no ambiente de trabalho ou fora dele.

Este livro quer se tornar seu companheiro de compras, seu consultor de estilo e imagem pessoal. Está sempre pronto para esclarecer suas dúvidas e lhe dar dicas valiosas. Seu formato reduzido, fácil de levar na bolsa, discreto no momento de consultar, foi planejado justamente para torná-lo um guia prático, que pode – e deve! – ser carregado com você e consultado sempre que necessário. Ele quer ajudá-la a tomar decisões cada vez menos impulsivas e mais acertadas sobre o que levar para dentro de seu guarda-roupa. E não se engane! Somente fazendo escolhas corretas no momento da compra é que você conseguirá ser fiel a si mesma, escolhendo peças que valorizem seu tipo físico e respeitem seu estilo pessoal.

Os capítulos abordam em detalhes o passo a passo para otimizar seu estilo e imagem pessoal. Você vai:

- ✓ Aprender a se vestir para seu tipo físico, o que é importantíssimo não só para entender o que a valoriza ou desfavorece, mas também para aumentar sua auto-estima.

- ✔ Saber como se vestir de acordo com seu estilo pessoal, conhecê-lo, entendê-lo e valorizá-lo. Mais pontos para você, que vai entender por que adora algumas peças e odeia outras e por que tem mais dificuldade de se vestir para algumas ocasiões e menos para outras.
- ✔ Descobrir como comunicar-se por meio de suas roupas e acessórios, afinal imagem pessoal é pura comunicação. Não se engane com aquela história de que imagem não conta. Conta sim, querida leitora!
- ✔ Receber uma série de dicas complementares, que vão colaborar para facilitar ainda mais todo o processo de desenvolvimento de seu estilo e imagem pessoal.

Boa leitura e bom uso deste pequeno, mas ambicioso guia. Espero que você aproveite muito!

1 COMO VALORIZAR SEU ESTILO E SUA IMAGEM PESSOAL

Neste capítulo, vamos falar sobre como reconhecer seu estilo pessoal e vestir-se de acordo com ele, para, dessa forma, projetar uma imagem sempre positiva. É preciso entender que imagem e estilo andam juntos e são uma poderosa ferramenta de comunicação com o mundo que nos cerca. E que, apesar de existirem estilos distintos e variados – que vão do clássico ao esportivo –, não existe estilo ruim, mas existe, sim, imagem pessoal ruim – aquela que, além de não ter nada a ver com seu estilo, não leva em consideração as mensagens que você quer ou precisa enviar, muito menos os ambientes em que você se insere, ou seja, não diz nada a seu respeito ou diz as coisas erradas.

Estilo, imagem e comunicação

Seu estilo e sua imagem pessoal são responsáveis por grande parte de sua comunicação não-verbal. A comunicação não-verbal chega primeiro. Antes mesmo de você dizer "bom dia", sua imagem já transmite ao outro uma série de mensagens sobre você, estejam elas corretas ou não. Melhor, então, se souber como se vestir para projetá-las corretamente – assunto que abordaremos com mais profundidade no capítulo 2, ao falarmos da linguagem das roupas.

Justamente por serem formas de comunicação não-verbal, estilo e imagem pessoal são responsáveis pela famigerada primeira impressão. E que atire a primeira pedra aquele que nunca julgou através dela. É praticamente inevitável, afinal ela acontece também no nível do inconsciente, influenciada, entre outras coisas, pelas cores e formas de sua roupa, por seu penteado e pelo tom de sua voz. O psicólogo americano Albert Mehrabian conduziu estudos sobre a primeira impressão e comprovou que:

- ✓ sim, julgamos e somos julgados através dela;
- ✓ o fazemos em apenas trinta segundos;
- ✓ é a comunicação não-verbal que comanda esse julgamento, que se dá baseado:
  - 55% no visual – roupas, acessórios, cabelo, maquiagem, asseio etc.;

- 38% na postura, expressões faciais e corporais, tom de voz e gestual;
- 7% no discurso (conteúdo).

O fato é que acreditamos no que vemos, mais do que no que ouvimos, por isso é tão importante cuidar de nossa imagem e estilo. A visão, querida leitora, sentido com maior alcance espacial, é responsável por 80% de nossa percepção. Assim, é fácil compreender por que julgamos com base em aparências. Fomos projetados para isso.

Seu estilo pessoal

Seu estilo é sua marca, queira você ou não. É a forma como se mostra ao mundo, usando para isso sua imagem pessoal – ele está refletido em suas roupas e acessórios, em seu corte de cabelo, na maquiagem que você usa. E deveria, entre outras coisas, refletir sua personalidade e seus valores. Mas será, cara leitora, que o estilo com o qual você se mostra ao mundo realmente conta a verdade a seu respeito? Será que a ajuda a mostrar o melhor de si? Ou reflete somente a moda – ou uma celebridade que você admira –, ou, ainda, é fruto de escolhas vazias, feitas ao acaso?

Para que seu estilo seja coerente com você, ele precisa refletir sua personalidade. Só é possível valorizá-lo e aprimorá-lo usando roupas e acessórios que estejam em harmonia com sua personalidade. Dessa maneira, será sempre mais fácil sentir-se confortável e confiante em suas roupas. Existem pelo menos sete tipos básicos de estilo pessoal, e, apesar de muitas pessoas terem traços de mais de um desses tipos, um deles usualmente é predominante. Identificar o seu – ou esse somatório – vai ajudá-la a verdadeiramente trabalhar com suas preferências, em vez de simplesmente se conformar com estilos impostos pela mídia ou pela moda, que não são suas opções naturais.

A seguir, você vai conhecer o perfil de cada um dos estilos, descobrir qual (ou quais) deles mais se adapta(m) à sua personalidade e saber como valorizá-lo(s). Você vai descobrir, ainda, que às vezes é preciso adaptá-lo aos ambientes nos quais você se insere – sim, leitora, às vezes é preciso "diminuir o volume" de seu estilo para que a imagem projetada seja mais coerente com uma ocasião em especial, mas sem deixar de respeitar suas características positivas mais marcantes.

Estilo clássico

Esse é o seu estilo se você:

✔ tem um ar confiante, porém sereno, tendendo a ser reservada e às vezes conservadora. É normalmente bem organizada, centrada e trabalha duro para alcançar metas que você mesma se impõe;

- não gosta de atrair atenção, principalmente pelas roupas;
- não tem nenhum ou tem pouco interesse pela moda e suas regras. Prefere peças de formas simples e atemporais, sem detalhes ou com detalhes muito sutis, nas quais qualidade é sempre mais – muito mais – importante que quantidade. Você aprecia a durabilidade, por isso prefere peças de bom corte e acabamento, de tecidos que as manterão imaculadas por mais tempo;
- apela para cores discretas e muitos tons neutros, além de lisos, muitos lisos. Cores muito fortes ou brilhantes e estampas chamativas não são suas opções naturais;
- adora um *look* coordenado e mais polido e às vezes acha que roupas muito casuais podem ser um desafio. Adora conjuntos (por exemplo, calça e blusa, saia e blusa, bolsa e sapato), que facilitam sua vida;
- se preocupa em vestir-se apropriadamente para todas as ocasiões, sentindo-se extremamente desconfortável

quando suas roupas não se adaptam ao ambiente ou às atividades em que está envolvida;

- ✓ tem poucos acessórios, usados para complementar suas roupas, raramente ou nunca para atrair a atenção;
- ✓ usa há anos maquiagem sempre suave e discreta e o mesmo corte de cabelo, com linhas simples;
- ✓ tem muita facilidade para se vestir para o trabalho ou para ocasiões mais formais. Difícil mesmo é escolher roupas para ocasiões descontraídas, que peçam doses mais altas de casualidade, como um churrasco com os amigos ou o aniversário dos sobrinhos.

Fig. 1

Fig. 2

Fig. 3

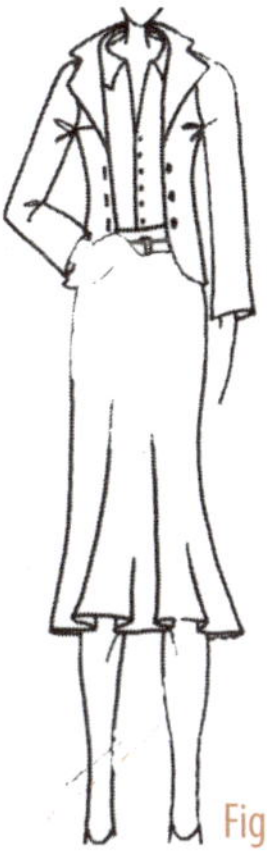

Fig. 4

Fig. 5

Fig. 6

O que esse estilo diz ao mundo: confiável, estável, madura, porém conservadora, previsível e rígida.

Para aperfeiçoar e valorizar seu estilo:

- Não se restrinja apenas a qualidade, simplicidade e durabilidade. Você parecerá menos tradicional e mais elegante se observar as tendências vigentes e adotar uma ou outra peça mais moderna, que se adapte a seu tipo físico, para mesclá-la a seus clássicos. Para isso:

- ✓ Fique atenta a mudanças importantes na modelagem das roupas, não fique presa a uma década em especial. Por exemplo, se a moda pede cinturas superbaixas, você não precisa obedecer, mas pode optar por calças e saias com cintura um ou dois dedos mais baixa; ou, se a moda pede *shorts*, você pode optar por bermudas bem cortadas, em estilo de alfaiataria (fig. 6).
- ✓ Ouse um pouco mais nas cores e estampas. Uma vez que você tende a optar por lisos, tons neutros e cores discretas, algumas peças – mesmo que pequenas – estampadas ou de cores um pouco mais vivas a ajudarão a não parecer invisível ou previsível demais. Por exemplo, você pode optar por uma bolsa num tom mais dramático, porém pouco agressivo, como o vinho, que será facilmente coordenável com todos os neutros.

- ✓ Adote também acessórios mais modernos – e até com uma pitada de ousadia. Eles podem lhe dar um ar mais atual e flexível, assim como tecidos *high-tech* – fique atenta às inovações nessa área.
  - Escolha pelo menos um acessório como sua marca registrada. Por exemplo, se você tem braços longos, braceletes e relógios interessantes podem ser explorados como ponto de atenção.
- ✓ Mantenha seu corte de cabelo sempre atual. Converse com seu cabeleireiro de confiança e juntos tentem encontrar algo mais moderno, mas que ainda a faça sentir-se elegante e discreta. Quanto à maquiagem, experimente novas cores, e não precisa ser nada tão ousado – você pode se surpreender.

! Com exceção dos terninhos e *tailleurs*, evite usar conjuntos, sejam de roupas ou de acessórios (brinco e colar, sapato e bolsa etc.). Eles projetam uma imagem de pouquíssima criatividade e atualidade, além de parecerem soluções fáceis demais para uma mulher que, como você, não tem medo de enfrentar dificuldades.

NO TRABALHO

O maior perigo é você desaparecer, tornar-se invisível e com um ar ultrapassado, devido às suas escolhas ainda mais discretas para esse ambiente. Não caia nessa armadilha – assegure-se de que pelo menos uma peça quebre a monotonia, seguindo as sugestões anteriores.

Estilo dramático

Esse é o seu estilo se você:

✓ tem um ar confiante e não se importa em ser notada ou correr riscos – principalmente no quesito moda. Você precisa de um estilo único e marcante, que traga uma imagem de força, e encara o ato de se vestir como uma *performance* teatral. As oportunidades para se produzir são valiosas para você – mas, mesmo no dia-a-dia, você atrai olhares por seu estilo único;

- gosta de cores fortes em combinações desafiadoras – que seriam impensáveis para outras, mas que para você são perfeitas – ou combinadas com preto. Aliás, tem amor especial pelo preto;
- mais do que se preocupar com qualidade e durabilidade, se importa com a singularidade do *design* de suas roupas e acessórios. Gosta do diferente – por exemplo, peças de proporções dramáticas, como casacos superlongos ou calças superlargas (fig. 7) ou superjustas (fig. 8), saias ultravolumosas ou ultra-afuniladas; peças com no mínimo um detalhe especial, diferente ou até mesmo exagerado, como uma gola enorme ou manga mais volumosa (fig. 8), uma estampa maior ou mais contrastante (figs. 9 e 10), um acessório que ninguém tem;
- adora moda, mas procura usá-la antes dos outros. Gosta de inovar, do diferente, do único, ou seja, quando todo mundo já está usando algo, aquilo não a encanta mais.

Você se aventura com suas roupas e pode até ser vista como alguém que lança tendências – evita o *look* com ar "combinadinho";

- normalmente tem os lisos como prediletos, mas sempre abre exceção para as estampas gráficas (fig. 10) e ousadas – é importante que elas sejam marcantes e interessantes. Florais, principalmente os mais delicados e suaves, não são sua praia;
- não abre mão de um corte de cabelo moderno e marcante, e sua maquiagem pode chegar a ser exagerada;
- usa acessórios que variam dos fortes e generosos aos elaborados, espertos e modernos – você gosta deles e quer que sejam notados. Seus sapatos também refletem seu interesse por novas tendências, e suas bolsas podem e devem ser dramáticas como você – muito grandes, muito pequenas ou com o formato mais moderno e interessante que você encontrar.

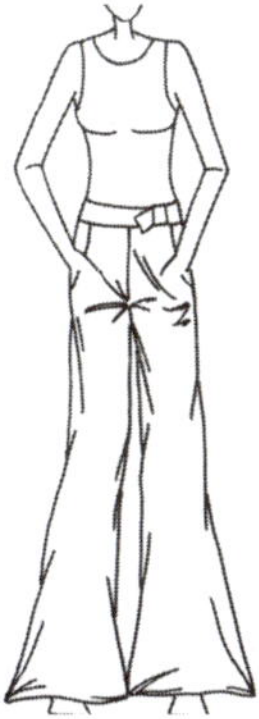

Fig. 7

Fig. 8

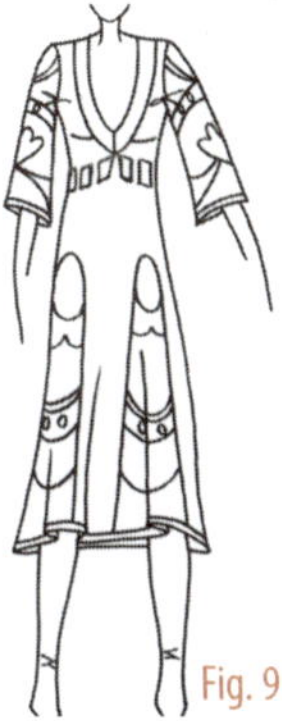

Fig. 9

Fig. 10

Fig. 11

O que esse estilo diz ao mundo: inovadora, desafiadora, forte, porém exagerada, intimidante.

Para aperfeiçoar e valorizar seu estilo:

- Prefira usar uma peça marcante com outras mais simples, criando um *look* equilibrado, sem deixar de ser ousado e inovador. Use as peças mais simples como se fossem molduras para as especiais – isso valoriza as roupas marcantes muito mais do que se você simplesmente as combinasse com outras igualmente inovadoras. Para isso:
  - ✔ Certifique-se de comprar peças mais simples. Complemente seu guarda-roupa com alguns bons neutros e básicos.
  - ✔ Saiba que uma maneira inteligente de usar seus acessórios é criar um foco único – se optar por um colar cheio de voltas, use-o sem brincos ou com brincos mínimos; se o cinto é superdiferente, grande, cheio de texturas, os outros acessórios podem ser simples e lisos, e assim por diante.

- Evite combinar cores fortes e vibrantes com preto – isso as deixa com ar mais "barato" e óbvio do que você imagina.
- Fique atenta não só às inovações em *design*, mas também àquelas que se referem a tecidos e outras matérias-primas de roupas e acessórios. Elas podem surpreendê-la e trazer um ar ainda mais singular a seu estilo.
- Não descuide da qualidade de acabamento e caimento de suas roupas, principalmente das peças que atraem mais atenção, ou seu *look*, que poderia parecer sofisticado e inteligente, parecerá barato.
- Não deixe que seu amor pela singularidade e pela diferença a faça destoar. Assegure-se de que seu visual, apesar de representar sua personalidade, seja apropriado para cada ocasião. Respeite os códigos de vestir, sejam eles implícitos – como os do ambiente profissional – ou explícitos – como quando você recebe convites que especificam se o traje deve ser esporte, passeio, passeio completo ou *black tie*.

NO TRABALHO

Não deixe que sua criatividade e sua força assustem ou intimidem as pessoas. Nesse ambiente, é ainda mais importante buscar o equilíbrio entre peças mais simples e outras mais arrojadas – se seu ambiente de trabalho é formal, saiba que você terá de reduzir muito o grau de arrojo e extravagância das peças, deixando para mostrá-lo sutilmente em um acessório especial, como um anel, broche ou relógio. Seu ar de segurança pode ser confundido com arrogância ou agressividade – você sabe o que quer, mas, para chegar lá, precisa de aliados, então busque um ar mais amistoso (para saber como, confira as dicas sobre linguagem das roupas no capítulo 2).

Estilo romântico

Esse é o seu estilo se você:

- é delicada, extremamente feminina, tem gestos suaves. É dona de uma personalidade amistosa e muito receptiva e pode ser nostálgica – peças antigas sempre terão espaço na decoração de sua casa. Acredita nas pessoas e gosta de cuidar delas. Suas roupas precisam refletir toda essa delicadeza e receptividade;
- gosta de cores suaves, foscas ou claras, e de combinações discretas. Tons pastel a encantam, e rosas e lilases sempre encontram espaço em seu guarda-roupa;
- se preocupa pouco ou nada com a moda. O que lhe vira a cabeça são peças artesanais ou com aspecto artesanal, com rendas, crochês, bordados (fig. 13), entre outros;
- adora peças de formas fluidas, de tecidos com caimento suave, que tenham movimento e leveza. Nada de tecidos ou cortes estruturados, duros – para você, os esvoaçantes e macios são imbatíveis. A modelagem pode

contemplar detalhes femininos, como babados (fig. 12), nervuras (fig. 12) e laços (figs. 14 e 15). Você evita os *looks* masculinos ou andróginos e é apaixonada por saias e vestidos;

- se sente atraída por estampas, principalmente as mais delicadas – às vezes bem pequenas – e de formas arredondadas (fig. 14). Os florais normalmente são seus prediletos. Estampas gráficas e abstratas não fazem parte de seu guarda-roupa;
- é apaixonada por acessórios (figs. 16, 17 e 18), principalmente por aqueles com ar romântico, com cara de antigamente, pequenos e repletos de detalhes delicados. Adora sandálias e passa longe de botas e tênis;
- prefere cortes de cabelo que também sejam fluidos e leves, com movimento. Os comprimentos longos e médios são sua escolha natural. Normalmente adora maquiagem, mas não abusa das cores.

Fig. 12

Fig. 13

Fig. 14

Fig. 15

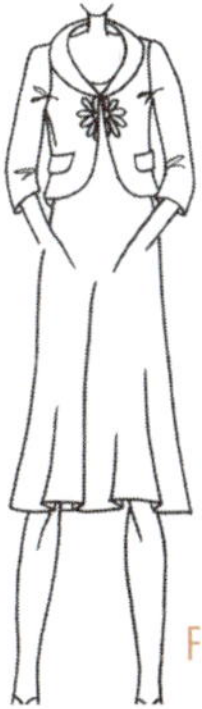

Fig. 16

Fig. 17

Fig. 18

O que esse estilo diz ao mundo: delicada, amistosa, feminina, porém frágil, fácil de ser comandada.

Para aperfeiçoar e valorizar seu estilo:

- Não se preocupe apenas com os detalhes de suas roupas – vale muito a pena prestar atenção na qualidade do acabamento e dos tecidos. Aliás, optar por peças de tecidos de qualidade é importante quando há aplicações de rendas ou outros detalhes artesanais, para que durem mais.
- Inclua um ou outro tom mais escuro ou vivo em seu guarda-roupa, e até uma ou outra estampa de linhas retas, como a risca de giz. Você se surpreenderá com os resultados ao combiná-los com peças de tons mais suaves – isso quebra a monotonia dessas cores "apagadas", trazendo um pouco de energia e criatividade a seu visual.
  - ✓ Os tons vivos a farão parecer mais criativa e cheia de vida.

- ✓ Os tons escuros e a risca de giz a ajudarão a parecer um pouco menos frágil, mais decidida e forte em momentos em que você precise dessa imagem de maior impacto.

- ! Roupas de corte masculino não são sua opção natural, mas você também pode usá-las em momentos em que precise transmitir mais força e poder.
- ! Fique atenta e perceba se seus acessórios estão em harmonia com sua estrutura física (vamos falar disso no capítulo 3), pois a tendência é que você use acessórios menores do que deveria. Combine as peças mais discretas e menores (como um brinquinho mínimo) com um acessório em escala um pouco maior (um colar). E não fique presa aos conjuntos de bijuteria – descombine-os, use as peças separadamente.
- ! Seu amor pelo que é antigo e romântico pode fazer com que você projete uma imagem antiquada e até fora de compasso com a modernidade. Mescle peças de corte e tecidos modernos às peças de aspecto mais antigo.

NO TRABALHO

Não deixe que seu estilo feminino e romântico a faça projetar uma imagem frágil demais, o que é extremamente comum. Nesse ambiente, evite as peças muito delicadas e femininas, abrindo espaço para *looks* mais simples – que podem receber um acessório romântico, como forma de permanecer fiel a seu estilo. É nesse ambiente também que mesclar cores mais escuras com peças claras fará diferença, pois você obterá uma imagem de maior assertividade e autoridade (não confunda com autoritarismo), importante principalmente nos momentos em que está no comando ou no centro das atenções.

Estilo expressivo

Esse é o seu estilo se você:

- ✓ gosta de se expressar por meio de suas roupas, e suas escolhas devem refletir sua criatividade ou seus talentos artísticos. Adora fazer de sua casa um lugar atrativo e acolhedor, já que o ambiente que a cerca é importante para você. Ama viajar ou ler livros e revistas sobre viagens;
- ✓ prefere roupas que tenham um ar criativo, diferente, especial – detesta estar igual a todo mundo e definitivamente não é apaixonada pelos básicos. Quer usar peças que transmitam a imagem de "cidadã do mundo". É por isso que peças com cara étnica sempre terão espaço em seu guarda-roupa, independentemente de estarem ou não na moda – contudo você não foge dela nem a despreza, pois sabe que a moda pode ajudá-la na busca por peças especiais, mas evita usar o que todo mundo está usando. Adora o *look hippie-chic*;
- ✓ tem um guarda-roupa que provavelmente reflete seu amor por cores e texturas, adora tecidos agradáveis ao

tato, bordados, franjas – tudo que estimule o toque (figs. 20 e 21), sem deixar de ser visualmente interessante. E definitivamente você não é dona de um *closet* recheado de peças com cores neutras ou escuras. Você não tem medo de usar e misturar cores, muitas cores;

- ✓ tampouco tem medo de estampas, das mais fluidas e femininas às mais criativas e marcantes (fig. 19). Você é o tipo de mulher que se atreve até mesmo a mesclar estampas – e normalmente se sai bem, pois possui senso estético apurado;
- ✓ usa acessórios que também refletem seu amor por tudo que é especial (fig. 23); peças de aspecto étnico (fig. 22) são freqüentes. Aliás, você é uma colecionadora de acessórios – de bijuterias a sapatos e bolsas – e os ostenta com orgulho! Você não se intimida com o uso de acessórios grandes ou de vários ao mesmo tempo;
- ✓ prefere peças de formas fluidas, de tecidos com caimento suave, que tenham pelo menos uma dose de movimento e leveza;

✔ prefere cortes de cabelo que tenham movimento, por isso os curtos nem sempre estão entre seus favoritos. Normalmente gosta de usar maquiagem e, quando o faz, não tem medo das cores – pode apostar no batom ultravermelho, quando todo mundo está usando aqueles cor-de-boca.

Fig. 19

Fig. 20

Fig. 21

Fig. 22

Fig. 23

O que esse estilo diz ao mundo: criativa, singular, viajada, porém desencanada, excêntrica.

Para aperfeiçoar e valorizar seu estilo:

- Opte pela melhor qualidade que puder comprar, principalmente porque você não se desapega facilmente de seus "tesouros". E fique muito atenta à qualidade do acabamento das peças mais artesanais e étnicas.
- Um erro muito comum entre as mulheres de estilo expressivo é comprar peças ultra-extravagantes e étnicas em viagens e não conseguir usá-las no dia-a-dia, ou usá-

las e ficar parecendo fantasiadas. Muito cuidado! Use não só seu senso estético, mas também o bom senso.

- Inclua em seu guarda-roupa peças básicas, por mais que você não goste delas. Elas a ajudarão a colocar em foco suas peças mais extravagantes e criativas, servirão de moldura. Se você optar por combinar detalhes e mais detalhes, da cabeça aos pés, seu *look* vai parecer empetecado, e não criativo.
  - ✔ Inclua também algumas peças de tons neutros, para usá-las da forma sugerida no tópico anterior. Às vezes, menos – nem que seja só um pouquinho menos – é mais.
- Roupas de corte reto e *clean* e/ou peças de cores escuras não são suas opções naturais, mas você pode usá-las em ocasiões em que precise transmitir mais autoridade que criatividade.
- Mesmo que você tenha um senso estético apuradíssimo e seja capaz de fazer combinações incríveis com seus acessórios, fique atenta aos exageros. Acessórios exage-

rados nem sempre são bem-vindos em todos os ambientes. Assim como as roupas mais criativas, eles podem ser extremamente distrativos – e você não quer isso quando precisa ser ouvida.

! Fique atenta para não concentrar muitos detalhes nas áreas do corpo que quer disfarçar. Concentre-os na região para a qual quer atrair atenção.

@ NO TRABALHO

Você provavelmente trabalha num ambiente criativo, ou exerce uma função ligada à criatividade – talvez trabalhe numa agência de criação, seja *designer* ou quem sabe até artista plástica. Se é o seu caso, você tem mais flexibilidade para usar peças estilosas, mesmo quando está trabalhando. No entanto, se seu ambiente profissional é mais formal, "careta", é preciso realmente "diminuir o volume" de toda essa expressividade. É importante concentrar seu estilo somente em algumas peças – opte por detalhes criativos, mais do que por *looks* inteiramente criativos. E, mesmo que esteja num ambiente mais flexível, sempre que quiser ser ouvida e fazer com que as pessoas prestem atenção no que você fala, evite os exageros.

Estilo natural

Esse é o seu estilo se você:

✔ tem um ar pacífico e amistoso, de quem está de bem com a vida. É cheia de entusiasmo e provavelmente adora estar ao ar livre – prefere se exercitar em trilhas ou outras atividades que a coloquem em contato com a natureza a ir à academia. Aliás, para você, exercício tem a ver com bem-estar, não com ideais estéticos;

- raramente sacrifica conforto por beleza ou imposições da moda. Seu guarda-roupa é recheado de peças informais (figs. 24 e 25), bem casuais, que permitam movimento – até mesmo seus sapatos são assim: quanto menos salto, melhor (fig. 27);
- só usa roupas formais em casos de extrema necessidade e, quando o faz, provavelmente opta por estilos mais simples e clássicos, com poucos acessórios;
- opta por peças lisas ou estampas discretas (fig. 26). As cores que ama são neutras e têm tudo a ver com a natureza, principalmente os tons terrosos e verdes, assim como os tecidos que escolhe, preferencialmente de fibras naturais, nunca sintéticas;
- não tem paixão por acessórios. Você é o tipo de mulher que nunca troca de bolsa, usa sempre a mesma – provavelmente um modelo bem casual (fig. 28), independentemente da ocasião, do visual ou de seu humor. Cin-

tos não existem em seu guarda-roupa, e o que dizer então de colares e brincos?;

- usa pouquíssima ou nenhuma maquiagem – não só porque gosta de um *look* natural, mas um pouco por preguiça, certo? O mesmo vale para os cabelos, que costumam ser mais curtos, por isso mais práticos.

Fig. 24

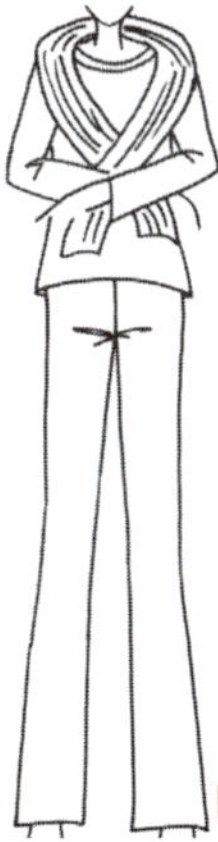

Fig. 25

Fig. 26

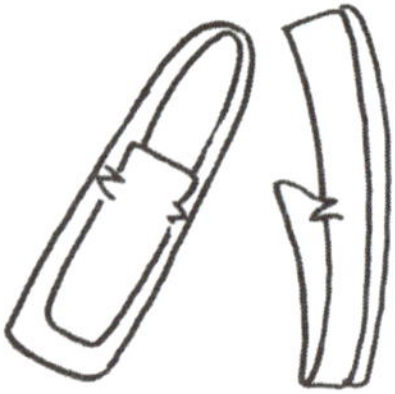

Fig. 27

Fig. 28

O que esse estilo diz ao mundo: prática, aberta, ecológica, porém desleixada, despreocupada.

Para aperfeiçoar e valorizar seu estilo:

- Mesmo tendo certo preconceito contra os sintéticos, saiba que eles evoluíram e hoje são grandes aliados das mulheres que querem praticidade. Procure por tecidos fáceis de cuidar, como os que podem ser lavados à máquina, não amassam e ainda assim deixam seu corpo respirar. É por isso que estar atenta às inovações em tecidos pode ser uma boa pedida. Não precisa sair pesquisando, mas não se esqueça de pedir por eles quando for às compras.

- Cuidado para sua naturalidade e casualidade não se transformarem em desleixo – esse é um erro comum entre as mulheres de estilo natural. Fique atenta a peças sem botões, descosturadas, manchadas, que precisam de algum tipo de conserto ou simplesmente de aposentadoria. Você pode nem perceber, mas elas lhe conferem uma imagem muito negativa.
- Se você tem dificuldade para encontrar um *look* para sair à noite, não se desespere – procure por peças de tecidos mais elaborados, mas com cortes simples e confortáveis.
- Para os cabelos, opte por cortes que dispensem o secador, já que gastar tempo com esse tipo de atividade não é sua prioridade. É por isso que um bom cabeleireiro é essencial, pois será capaz de orientá-la sobre um estilo que traga os benefícios que você procura – de fácil manutenção, mas sem perder o ar de bem cuidado. E, já que

sua opção natural é dispensar a maquiagem, pode ser uma boa idéia aprender algumas técnicas que lhe propiciem agilidade ao se maquiar e que a ajudem a criar *looks* naturais e com ar saudável, que só vão contribuir para seu bem-estar, sem deixá-la artificial. Se ainda não o faz, inclua sessões de manicure e pedicure a sua rotina, mesmo que a cada vinte dias – se acha que isso é perda de tempo, leve um livro interessante e aproveite para colocar a leitura em dia!

! Tenha alguns acessórios – poucos e bons – para garantir mais versatilidade a seu guarda-roupa e use-os como elementos de ligação entre as mais variadas peças. Para isso, fique atenta às cores de suas roupas, às atividades que você desempenha, e escolha peças que combinem com o que você já tem. Como suas roupas são bastante neutras, um ou outro acessório pode ser mais ousado – experimente! –, e isso não lhe conferirá o temido ar de "perua". Pode apostar!

NO TRABALHO

Mantenha a praticidade de suas roupas, afinal elas acompanham sua personalidade cheia de vida. Mas, se seu ambiente de trabalho é mais formal, adote peças clássicas, de tecidos fáceis de cuidar, que não amassem – isso lhe garantirá um ar bem cuidado o dia todo. Aqui, acessórios são relevantes para lhe trazer um ar sempre polido – opte pelos simples e fáceis de coordenar. Evite ao máximo parecer desleixada em qualquer ambiente de trabalho: nem pense em aparecer suada, com roupas que precisem de qualquer tipo de manutenção ou pareçam surradas. Ao fazer isso, a mensagem que você transmite é a de alguém que não se preocupa com qualidade e está completamente desatenta aos detalhes.

Estilo esportivo

Esse é o seu estilo se você:

- tem um ar descontraído, supercasual, é cheia de energia, prática, determinada e entusiasmada – não é de admirar que as pessoas adorem ficar perto de você! Você provavelmente aparenta menos idade do que tem, e seu bom humor contribui para que isso aconteça. Não é incomum que você goste de esportes e os pratique com regularidade;
- prefere roupas casuais, principalmente aquelas com um ar esportivo (figs. 30 e 31). Isso não significa que em ocasiões especiais você não saiba optar por peças mais estilosas, que coordena com outras mais básicas – e nesses momentos as cores são sempre suas aliadas;
- tem um guarda-roupa recheado de *jeans* – provavelmente seu ponto alto –, usados em quase todas as ocasiões, do trabalho à balada, mudando apenas o estilo das blusas e acessórios. Uma peça tão versátil tinha mesmo

de ser uma de suas marcas registradas. Outra de suas peças preferidas é a camiseta, das divertidas às básicas;

- prefere tecidos leves e que lhe tragam ampla facilidade de movimentos, além dos lisos e das estampas de linhas mais retas e gráficas. Florais delicados não são sua praia;
- possui roupas de corte simples e prático, nada de "frufrus" (babados, rendas, bordados) e de formalidade – você não é uma mulher que curte usar *tailleurs* ou terninhos e, se precisar fazê-lo, com certeza vai optar por modelagens mais modernas e descontraídas (fig. 29);
- gosta de cores vivas e alegres, bem-humoradas como você e que transmitem toda a sua energia e agilidade. Usar somente neutros, da cabeça aos pés, não é (nem deve ser!) sua opção natural;
- usa acessórios mais simples, nada de peças rebuscadas e românticas, cheias de detalhes. Você prefere metais lisos (fig. 33) e peças que, mesmo maiores, tenham um ar mais *clean* e moderno. A maioria de seus sapatos não tem saltos muito altos, e os tênis são uma paixão;

Fig. 29

Fig. 30

Fig. 31

Fig. 32

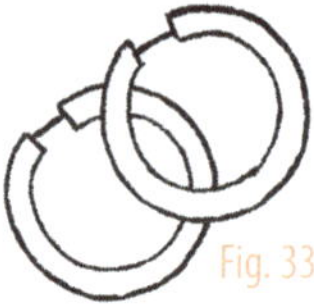
Fig. 33

Fig. 34

- tem um corte de cabelo simples e fácil de cuidar, e os curtos e médios lhe são opções muito usuais. Maquiagem discreta completa seu estilo descontraído.

O que esse estilo diz ao mundo: descontraída, jovem, ágil, porém imatura.

Para aperfeiçoar e valorizar seu estilo:

! Pelo fato de projetar um *look* descontraído e jovial, você pode ser encarada como imatura (fig. 30). Aqui vão algumas dicas para criar um visual mais maduro, quando necessário ou desejado:

  - Opte por peças de alfaiataria, que ficarão lindas e interessantes quando coordenadas com peças mais descontraídas ou divertidas.
  - Inclua *jeans* escuros e lisos em sua coleção – eles são mais sofisticados e adultos e ficam ótimos quando combinados com peças atrevidas, criativas ou casuais.
  - Evite o trio *jeans* + tênis + camiseta, que passa uma imagem de "adolescente". Substitua pelo menos um

dos itens por algo menos descontraído, por exemplo: *jeans* + sapatilha + camisa ou blusa.

- ✓ Tenha um *blazer* de tecido mais casual (como algodão) e tom neutro, que você pode jogar facilmente sobre seus *looks* joviais, como o trio indicado no item anterior.
- ✓ Cuidado com as peças engraçadinhas, como camisetas com mensagens e desenhos divertidos. Elas não são bem-vindas em todos os lugares – aliás, fique atenta aos códigos de vestir e respeite-os sempre.
- ✓ Se quer adicionar um ar descontraído e até divertido a um visual mais sério, deixe que suas bolsas façam isso. Opte por aquelas diferentes e especiais, que normalmente parecerão menos infantis que as tais camisetas divertidas.

! Tenha um cabeleireiro de confiança, que vai ajudá-la a manter seus cabelos com um corte bem-feito, ainda que privilegie a praticidade. E aprenda a usar finalizadores, que podem fazer toda a diferença no momento de criar algo um pouco menos descontraído. Se você abusa dos presos, tenha à mão acessórios para cabelos que os deixem com uma aparência um pouco mais polida.

! Cuidado com o ar de desleixo, que pode vir do uso de *jeans* e camisetas surrados.

NO TRABALHO

Se você trabalha em ambientes menos casuais ou que não têm muito a ver com criatividade, opte por roupas de linhas simples e cores neutras ou fechadas, deixando para os acessórios o toque divertido ou colorido – você também pode agregar cores concentrando-as em peças menores. Abandone as peças "engraçadinhas". Combine seriedade com uma pitada de bom humor, para atingir um visual que lhe confira um ar amistoso, mas ao mesmo tempo de autoridade, de quem sabe o que faz. Nesse ambiente, o trio *jeans* + tênis + camiseta deve ser evitado – aliás, mesmo que você trabalhe num ambiente muito casual, só tem a ganhar mantendo seu *look* um pouco mais profissional.

Estilo sexy

Esse é o seu estilo se você:

- é sedutora por natureza, cheia de vida, aberta às pessoas e tem consciência de seu magnetismo. Exuberância é o seu nome! Possui personalidade ousada, que lhe garante senso de aventura, o qual você transforma em resultados positivos dentro e fora do trabalho. Você não se intimida facilmente com desafios;
- gosta de valorizar seu corpo e suas formas por meio das roupas. Opta por roupas que se ajustam às suas formas

como moldes, ou que expõem sua pele bem cuidada – você se sente à vontade em peças que fariam outras mulheres se sentir desconfortáveis e artificiais. Nada de peças largonas, retas ou muito fechadas, de tecidos naturais e duros. Você quer peças que se movam com você e deslizem sobre suas curvas, além de acentuá-las;

- Decotes (figs. 35, 37 e 38), fendas, brilhos, transparências sempre têm espaço em seu guarda-roupa, não só para atrair atenção, mas porque esses detalhes a fazem sentir-se segura de sua feminilidade.
- Provavelmente você tem um verdadeiro arsenal de peças para a noite, já que é uma mulher que adora sair, se divertir, badalar.

✓ não tem medo das cores e usa muito bem o preto, o vermelho e o *pink*. Adora cores vibrantes e vivas como você – cores muito suaves provavelmente não são sua praia; tons pastel e neutros são a morte para você! Nada muito "apagado" entra facilmente em seu guarda-roupa;

- ✓ gosta de lisos e estampados, mas as estampas ganham pontos quando são especiais e marcantes – como as de bicho (fig. 39), que você não tem medo de usar;
- ✓ adora tecidos agradáveis ao toque. *Lingeries* elaboradas e surpreendentes a fazem suspirar, já que você as vê como peças a serem adicionadas à sua coleção – e muitas vezes expostas em *looks* mais ousados, como aqueles para a noite. É por isso que você está sempre em busca de peças que possam ser usadas não só como *lingerie*;
- ✓ não se descuida de seus cabelos e maquiagem, que são pontos essenciais para sua beleza. Os cabelos recebem atenção especial – devem estar sempre macios e agradáveis ao toque. Prefere cortes que confiram movimento, e os longos são sua opção natural. A maquiagem é marcante – você não costuma sair de casa com a "cara lavada";
- ✓ usa acessórios que, assim como suas roupas, lembram ou trazem movimento – brincos com pingentes ou argolas vistosas, bolsas desestruturadas, pulseiras em abundân-

cia, que acompanham o movimento do braço (fig. 40). Se pudesse usar sandálias todos os dias, provavelmente o faria. Saltos fazem parte de sua vida – são como um pedestal para você.

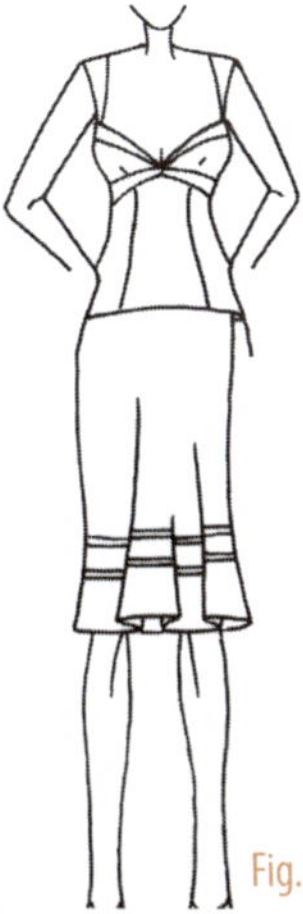

Fig. 35

Fig. 36

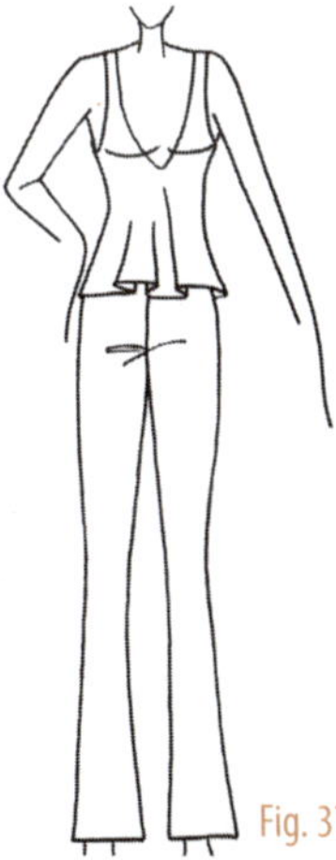

Fig. 37

Fig. 38

Fig. 39

Fig. 40

O que esse estilo diz ao mundo: poderosa, ousada, exuberante, porém pouco sofisticada.

Para aperfeiçoar e valorizar seu estilo:

- Saiba que existe uma linha tênue entre exuberância e vulgaridade; por isso, uma maneira de nunca cair na armadilha da vulgaridade é concentrar a sensualidade em apenas uma peça. Por exemplo, se vai mostrar as pernas, opte por decotes contidos e mangas mais longas; se vai mostrar as costas, opte por decotes frontais mais altos, e assim por diante.

! Outras duas maneiras de não cair na vulgaridade e sofisticar seu *look*:

- ✓ Opte por peças de muita qualidade, feitas de tecidos de excelente caimento e acabamento impecável, de cores mais fechadas. Essa combinação de características deixa a roupa – e conseqüentemente seu visual – com aparência mais cara, refinada. Essas peças ficam lindas quando coordenadas com as exuberantes.
- ✓ Evite combinar cores muito fortes e vibrantes com o preto. Combine-as com outras cores neutras, como marinho, chocolate, verde-musgo ou até mesmo bege. Você vai se surpreender com o efeito, já que as cores vivas ainda ficarão em evidência, mas as neutras as deixarão com aspecto mais elegante.

- Por você ser uma pessoa ativa e cheia de energia, opte por peças de tecidos que facilitem os movimentos – os quem têm elasticidade são perfeitos. Além de lhe conferirem sensação de liberdade, eles valorizam sua silhueta.
- Em relação à maquiagem que você usa para valorizar olhos e boca, fique atenta para não criar dois focos de atenção ao mesmo tempo – sombra esfumaçada e camadas e camadas de rímel combinam com boca mais discreta; boca vermelha, destacada por batom e *gloss*, pede olhos mais suaves. Fique sempre atenta à cor da base e/ou do pó que você usa – se gosta de se bronzear (provavelmente sim!), vai precisar de mais de uma cor para eles, uma para o verão e outra para o inverno.

NO TRABALHO

Roupas e acessórios muito chamativos no ambiente de trabalho podem conferir-lhe uma imagem negativa, além de serem distrativos – você desvia facilmente a atenção de seu discurso ao usar um decote profundo ou uma saia curta. Nesse ambiente, o que conta não é a sensualidade – use sua segurança e ousadia em projetos que você precisa coordenar ou criar. Opte por peças de corte reto ou até mais masculino, que podem ser mescladas com bijuterias e bolsas (estas sim!) sensuais – esqueça decotes ousados, saias curtas, fendas profundas, transparências e roupas colantes. Saiba que sapatos pelo menos um pouco mais fechados são sempre mais adequados ao ambiente de trabalho do que sandálias muito abertas, de tiras finas – que são supersensuais.

2 O QUE SUA IMAGEM DIZ SOBRE VOCÊ?

Aprenda a comunicar-se por meio dela

Como foi dito no capítulo 1, seu estilo e sua imagem pessoal – poderosas ferramentas de comunicação não-verbal – exercem forte influência na maneira como você é percebida, são em grande parte responsáveis pela coerência das mensagens que você deseja transmitir e, por isso mesmo, determinam em muito a forma como os outros respondem a você. Sua imagem conta quem você é, o que deseja, seus valores, suas qualidades, suas aspirações.

Uma imagem pessoal positiva, independentemente de seu estilo – clássico, dramático etc. –, é aquela que leva em consideração sua audiência (interlocutores e observadores), os ambientes em que você se insere e o que você realmente quer ou precisa dizer. Para enviar a mensagem correta, é imprescindível que você conheça a linguagem das roupas e aprimore sua imagem, para que ela complemente à altura suas habilidades pessoais e profissionais, sua personalidade e seus valores. Esqueça essa história de que imagem não importa. Não é pecado parecer tão interessante quanto você realmente é!

Neste capítulo, daremos enfoque especial à linguagem das roupas – e você vai entender por que escolher ou evitar determinadas cores e formas de acordo com a ocasião e com as pessoas às quais é exposta. Você vai aprender, ainda, a otimizar sua imagem pessoal também no ambiente de trabalho.

A linguagem das roupas: cores e formas

Uma vez que cerca de 80% de nossa percepção se dá pela visão, não é difícil entender por que julgamos com base na aparência e por que as cores e formas de nossas roupas são tão importantes para nossa imagem pessoal. Elas são grandes responsáveis pela linguagem de suas roupas e pela harmonização entre a comunicação não-verbal e a verbal – você não quer que seu discurso diga, por exemplo, "Sou criativa" e suas roupas o desmintam, dizendo "Sou conservadora"; ou que seu discurso diga "Sou capaz", enquanto seu *look* grita "Mas não me incomode neste momento, estou cansada demais!".

Cores e formas são instrumentos valiosos para evitar ruídos na comunicação. Elas carregam símbolos consigo, e é imprescindível estarmos atentas aos símbolos que escolhemos portar, colados no corpo. Por serem comuns a todos nós, eles são interpretados, ainda que inconscientemente, pelas pessoas com as quais interagimos. As cores e formas que usamos não afetam somente a nós mesmos, mas a todos ao nosso redor.

Como avaliar a imagem que seu *look* projeta

Você pode utilizar três passos principais para avaliar o "tom" de seu *look* – a imagem que ele lhe empresta, e se ela é adequada ao ambiente, à ocasião e à mensagem que você deseja transmitir. São eles:

1) Determinar o grau de casualidade ou formalidade por meio da análise da composição da peça ou do visual, em relação a cores e formas.
2) Conhecer os significados de cada cor.
3) Avaliar a qualidade projetada por seu *look*.

Passo 1: Imagem casual x imagem formal

Para saber o que suas roupas e acessórios dizem a seu respeito, é mais fácil analisá-los classificando-os como casuais ou formais, o que indicará se são mais adequados para ambientes ou ocasiões descontraídos (casuais) ou mais sérios (formais). Confira no quadro a seguir:

Roupas e acessórios mais **casuais** a farão projetar uma imagem de:	Roupas e acessórios mais **formais** a farão projetar uma imagem de:
• Descontração • Diversão • Jovialidade • Frescor • Irreverência • Delicadeza • Flexibilidade • Criatividade • Cordialidade **Mas também de:** • Imaturidade • Relaxamento • Descaso • Despreparo • Insegurança	• Seriedade • Trabalho • Maturidade • Sabedoria • Coerência • Força • Autoridade • Credibilidade • Segurança **Mas também de:** • Rigidez • Distanciamento • Monotonia • Arrogância • Agressividade

E como saber se uma peça ou *look* é casual ou formal?

Avalie suas cores e formas. Veja, nos quadros a seguir, que critérios você pode usar para classificá-las como mais ou menos relacionadas ao casual ou ao formal. Quanto mais características de cada quadro a peça possuir, mais casual ou formal será sua imagem.

Peças que projetam uma imagem de **casualidade** têm as seguintes características:

Cores	• Claras, como azul-céu, rosa-bebê, bege etc. • Vivas, bem puras e vibrantes, como laranja, vermelho-tomate, azul-turquesa, rosa-choque, amarelo-canário etc.
Formas	• Caimento desestruturado: peças esvoaçantes, com movimento, mais flexíveis, molengas. Por exemplo, saia ou vestido vaporoso.

- Tecidos estampados: estampas casuais, principalmente aquelas de formas arredondadas, florais, camufladas, xadrezes e multicoloridas.
- Tecidos e materiais de tramas abertas e/ou com textura: *jeans*, tricôs (quanto mais aberto o ponto, mais casual), linho, malha, veludo, madeira, palha, borracha, couro sem tratamento, metal trabalhado etc.

Peças que projetam uma imagem de **formalidade** têm as seguintes características:

Cores	• Escuras e fechadas, como preto, marinho, grafite, marrom, vinho, verde-musgo etc. • Foscas, tons bem discretos de qualquer cor, como verde-musgo no lugar de verde-abacate, vermelho-queimado em vez de cereja ou tomate etc.

Formas	• Caimento estruturado: pesado, mais reto e rígido. Por exemplo, saia ou vestido de tecido encorpado. • Tecidos lisos: são sempre mais sérios e formais que os estampados. No entanto, existe um grau de formalidade também associado ao tipo de estampa – as menos casuais são aquelas de formas retas, como as listras (a risca de giz é um excelente exemplo). • Tecidos e materiais de tramas fechadas e/ou sem textura: gabardine, lã fria, tricoline, metal liso, couro lustroso e liso etc.

Dica: lembre-se sempre de que você pode brincar com suas roupas, misturando características e chegando a um resultado intermediário entre o formal e o casual, combinando num mesmo visual os adjetivos presentes em cada quadro. Por exemplo, *jeans* (casual) escuro (formal), usado com *top* de tricô (casual) de cor fosca (formal) e *blazer* de algodão (casual) escuro (formal) – o resultado é um *look* casual e descontraído devido à forma das roupas, mas que ainda assim projeta uma imagem de credibilidade e seriedade, devida aos tons escolhidos. Essa possibilidade de coordenar adjetivos é muito útil no dia-a-dia profissional.

@ NO TRABALHO

Levando em consideração o que observamos anteriormente, veja como se vestir no ambiente profissional, de acordo com o grau de formalidade ou casualidade ali encontrado.

Muito formal

Você provavelmente trabalha: em ambientes mais sisudos, onde a seriedade impera. Escritórios de advocacia (principalmente os mais tradicionais) e finanças, área executiva de grandes bancos (exceto caixas) e financeiras.

Sua imagem deve projetar: seriedade, sobriedade e credibilidade.

As peças mais indicadas são: modelos clássicos de terninhos e *tailleurs*, de cores escuras, lisos ou risca de giz, de corte estruturado. Por baixo, camisas de cores discretas. Sapatos fechados, de preferência de salto, de couro. Bolsas e pastas de cores discretas, estruturadas, de couro liso. Evite texturas aparentes ou estampas marcantes. As jóias ou bijuterias ideais são aquelas de tamanho contido, porém, se quiser usar algo um pouco mais marcante, opte por apenas uma peça maior, como um anel ou bracelete.

Para a entrevista de emprego: use as peças mais discretas e formais de seu guarda-roupa – aquelas de cores escuras (preto ou marinho, de preferência), lisas ou risca de giz, e de corte seco e estruturado. Um *tailleur* preto de modelagem um pouco mais clássica é uma ótima opção. Você pode (e deve!) optar por acessórios discretos. Se quiser escolher uma peça para ser um destaque de seu *look*, opte por um anel, que vai distrair bem menos seus entrevistadores do que um brinco grande ou até um colar. A bolsa (e pasta, se for o caso) deve ser bem estruturada, de couro lustroso, e de preferência escura.

Formal

Você provavelmente trabalha: em empresas cujo código de vestir é estabelecido como formal; ou, possivelmente, é uma executiva ou consultora da área jurídica, financeira ou de atendimento ao cliente (por exemplo, gerente de contas). O clima é menos sisudo, mas ainda sério e formal.

Sua imagem deve projetar: seriedade e credibilidade, com um toque de receptividade.

As peças mais indicadas são: terninhos e *tailleurs* de tons médios ou escuros, lisos, risca de giz ou com texturas muito discretas. O corte é estruturado, e a modelagem pode ser um pouco mais moderna, com alguns detalhes interessantes. Por baixo, camisas e blusas de cores um pouco menos sérias, porém discretas – estampas sóbrias são permitidas. Sapatos fechados, de preferência de salto. Bolsas e pastas estruturadas, de couro lustroso e cores discretas. Bijuterias continuam contidas, como indicado para o ambiente muito formal.

Para a entrevista de emprego: vista-se com o máximo de sobriedade, de acordo com as orientações dadas para o ambiente muito formal. Evite acessórios exagerados, mesmo que seja um só – e, se for usar algo um pouco maior, que seja um anel ou bracelete, nunca colar ou brinco, que ficam próximos do rosto e chamam atenção o tempo todo, distraindo seu entrevistador.

Smart casual (um pé no formal e outro no casual)

Você provavelmente trabalha: em empresas de grande porte (nacionais ou multinacionais), escritórios (de contabilidade, comércio exterior etc.), consultorias de médio porte, entre outras. O clima é mais relaxado e/ou os profissionais são menos expostos à presença de clientes. O *jeans* (escuro e clássico, sempre) normalmente só é permitido às sextas-feiras (a chamada *casual Friday*).

Sua imagem deve projetar: credibilidade, capacidade de decisão, discrição e receptividade.

As peças mais indicadas são: terninhos de tecidos um pouco mais esportivos ou com texturas e padronagens, para quebrar a seriedade. Valem modelagens modernas e menos estruturadas. Você pode combinar o *blazer* de um terninho com a calça do outro, usar calças ou saias de alfaiataria com camisas (lisas ou estampadas) ou blusas (inclusive de tricô, de trama fechada), jaquetas de tecido de alfaiataria, calças de sarja. Só use cores mais vibrantes em detalhes do visual, nunca no *look* completo. Evite estampas gritantes, engraçadinhas ou românticas. Opte por bolsas de couro mais flexível, de cores variadas, e sapatos fechados, de salto alto ou baixo. Bijuterias podem ser um pouco mais marcantes (sem exagero) e modernas – use-as para dar toques de cor a seu visual. O truque para não errar é sempre combinar elementos casuais com elementos formais, sem excluir um dos dois por completo.

Para a entrevista de emprego: escolha cores sóbrias e discretas, preferencialmente as mais escuras, que dão um ar de autoridade, de quem sabe o que diz. Terninhos e *tailleurs* dessas cores, porém com alguma textura ou risca de giz, são uma aposta. Quebre a monotonia do *look* usando um acessório de cor sóbria, mas não tão escura quanto o resto da produção – por exemplo, vinho ou petróleo.

Dica: você pode usar calça e camisa – afinal, nem sempre é possível vestir um terninho mais formal sem despertar a atenção dos outros e ficar com aquela cara de "hoje é dia de entrevista" –, mas garanta que elas sejam peças de alfaiataria, de tecidos de absoluta qualidade, com caimento perfeito; opte por cores escuras para pelo menos uma delas (não precisa ir toda de preto: o marinho e o grafite são excelentes escolhas) e evite as cores claras – se for o caso, substitua-as por tons médios.

Casual

Você provavelmente trabalha: como profissional das áreas de comunicação, *marketing*, tecnologia, moda, *design*, arquitetura ou outra área ou empresa em que a descontração ou a criatividade estejam presentes.

Sua imagem deve projetar: criatividade, descontração e flexibilidade, sem deixar a credibilidade de lado, parecer imatura ou desleixada.

As peças mais indicadas são: terninhos modernos e de tecidos casuais, calças, saias, pantalonas, camisas e blusas também de tecidos mais descontraídos (*jeans* escuro, algodão, tricoline etc.). Combine peças de alfaiataria com peças mais descontraídas – por exemplo, calça de alfaiataria com blusa de malha e jaqueta *jeans* escura. As cores podem ser mais vivas, e a modelagem menos estruturada. Opte por acessórios modernos e diferentes, mas lembre-se de que você é o foco das atenções, não eles.

Para a entrevista de emprego: o truque para não errar aqui é o mesmo dado para o ambiente *smart casual* – combinar elementos casuais e formais –, mas neste caso pendendo para a descontração. Você pode até ousar mais nas cores e substituir neutros escuros e sisudos por cores um pouco mais alegres, como vinho, tons bem fechados de azul, branco (*off-white* ou puro) etc. Capriche na modelagem da roupa, optando por peças com detalhes discretos, porém interessantes. Use a melhor qualidade que puder e não vá de *jeans* e camiseta. Faça um mínimo de cerimônia e, mesmo que o ambiente seja ultracasual, caso precise ir de *jeans*, opte pelo mais escuro e tenha um *blazer*, jaqueta ou colete de alfaiataria para agregar ao *look*, para transmitir a mensagem: "Estou comprometida com minha vida profissional".

Passo 2: Os significados das cores

Além da linguagem descrita anteriormente, que engloba grupos de cores com características mais ou menos formais, veremos a seguir mais características que correspondem a cada grupo de cor e a cada cor em especial.

Grupos de cores:

- Quanto mais *fechada e escura* for uma cor (marinho, preto, marrom, vinho, verde-musgo etc.), mais projetará uma imagem de autoridade, seriedade, credibilidade, força, densidade, sofisticação, formalidade, e também de autoritarismo, arrogância e falta de abertura a novas idéias.

  ! Fora do ambiente de trabalho:

  Adote: quando quiser valorizar seu *look*. Peças de cores escuras parecem mais caras do que realmente são, e muito mais que aquelas de cores vivas.

  Evite: quando não quiser parecer muito séria. Evite principalmente usar cores escuras da cabeça aos pés, em peças simples e sem detalhes.

No ambiente de trabalho:

Adote: quando quiser mostrar que sabe o que está dizendo, reforçar sua autoridade, sua maturidade e seu poder de decisão ou colocar uma barreira entre você e seus interlocutores. Essas cores são especialmente indicadas para quando você vai a uma entrevista de emprego, faz uma apresentação (além do mais, elas não cansam os olhos e não distraem sua audiência), comanda uma reunião difícil (e precisa ser ouvida e obedecida), dá entrevistas à imprensa.

Evite ou coordene com cores mais suaves: quando precisar de máxima interatividade com seus pares e subordinados, quando o tom da ocasião for de descontração e bom humor.

- Quanto mais *clara* for uma cor (bege, rosa, amarelo, azul-céu etc.), mais projetará uma imagem de proximidade, descontração, abertura, flexibilidade, leveza, casualidade, e também de fragilidade e submissão.

- Fora do ambiente de trabalho:

  ✓ **Adote:** quando quiser obter um *look* mais jovem e fresco e reforçar sua feminilidade.

  ✗ **Evite:** se precisar projetar maturidade.

- No ambiente de trabalho:

  ✓ **Adote:** quando precisar interagir com seus pares e colegas, facilitando a aproximação, ou desejar parecer mais jovem e criativa. Sempre coordene essas cores a tons pelo menos médios, porque, se você se vestir da cabeça aos pés com tons muito claros, vai transmitir uma imagem excessivamente frágil.

  ✗ **Evite (principalmente da cabeça aos pés):** quando precisar de uma imagem de autoridade e segurança; em ocasiões como reuniões difíceis e entrevistas de emprego.

- Quanto mais *viva e pura* for uma cor (vermelho-tomate, turquesa, *pink*, amarelo-ouro etc.), mais projetará uma imagem de energia, desafio, casualidade, ousadia, criatividade, e também de infantilidade, pouca sofisticação e irritabilidade.

! Fora do ambiente de trabalho:

Adote: quando quiser projetar um *look* jovem, inusitado e ousado.

Evite: se quiser parecer mais sofisticada e intelectual que ousada e jovem.

! No ambiente de trabalho:

Adote: sempre em pequenas doses, apenas em acessórios ou peças menores, de preferência coordenando essas cores a outras que não sejam muito contrastantes – dessa maneira, você vai demonstrar capacidade criativa e uma dose de coragem e arrojo, além de bom humor.

Evite (principalmente da cabeça aos pés): quando precisar da máxima atenção de seus interlocutores ou audiência (entrevistas de emprego, apresentações, reuniões importantes etc.); ou quando for atender clientes.

- Quanto mais *fosca e suave* for uma cor (cores bem discretas, os tons mais neutros de cada cor, por exemplo: azul acinzentado, tons de vinho esfumaçados, verde-musgo etc.), mais projetará uma imagem de prudência, discrição, paz, equilíbrio, acolhimento, introspecção, maturidade, e também de ostracismo, conformidade e fragilidade.

  ! Fora do ambiente de trabalho:

  Adote: quando quiser um visual discreto, que não chame atenção.

Evite (principalmente da cabeça aos pés): se quiser parecer mais ousada e criativa.

- No ambiente de trabalho:

  Adote: quando quiser mostrar maturidade, não quiser colocar uma barreira entre você e seus interlocutores ou não quiser distrair sua audiência. É por isso que essas cores são indicadas para ajudá-la a lidar com clientes – elas não amedrontam e são acolhedoras.

  Evite (principalmente da cabeça aos pés): quando precisar demonstrar poder, autoridade e energia, ou tiver de lidar com pessoas difíceis. Seu chefe vive passando por cima de você? Procure evitar o predomínio dessas cores em seu *look*.

- Quanto mais *fria* for uma cor (azuis, tons de cinza e lilases), mais projetará uma imagem de tranqüilidade, equilíbrio, iluminação, racionalidade, frescor, e também de impessoalidade, introspecção e frieza.

- Fora do ambiente de trabalho:

  Adote: quando quiser projetar um *look* fresco e jovial e, ao mesmo tempo, reforçar seu lado equilibrado.

  Evite: se precisar projetar ousadia ou receptividade.

- No ambiente de trabalho:

  Adote: para reforçar o frescor de seu trabalho e, ao mesmo tempo, sua capacidade de equilíbrio e racionalidade; para privilegiar sua capacidade de tomar decisões acertadas, mas ponderadas. Use também, com cores escuras, quando quiser impor certa distância entre você e o outro.

  Evite (principalmente da cabeça aos pés): se precisar estimular maior interatividade com sua equipe, mostrar energia e capacidade de correr riscos.

- Quanto mais *quente* for uma cor (tons amarelados, alaranjados e terrosos), mais projetará uma imagem de energia, dinamismo, acolhida, sensualidade, interatividade, e também de emotividade e irracionalidade.

  - Fora do ambiente de trabalho:

    Adote: quando quiser valorizar sua sensualidade e poder de interação. Boa opção para momentos em que você precise ou deseje se enturmar.

    Evite: se quiser parecer mais fria e racional.

  - No ambiente de trabalho:

    Adote: para reforçar suas habilidades de se relacionar com o outro, para interagir; para não colocar barreiras entre você e seu time; em situações em que precise mostrar níveis mais altos de energia e capacidade de tomada de decisões rápidas.

Evite (principalmente da cabeça aos pés): se quiser mostrar seu lado mais racional e comedido, quando precisar mostrar equilíbrio e ponderação nos relacionamentos.

Significados: cada cor possui um significado específico. Confira quais são e como usá-los a seu favor, adotando-os em seu *look*, dentro ou fora do ambiente de trabalho.

- *Azul*: paz, lealdade, verdade e um pouco de conservadorismo. Deve ser usado em momentos nos quais pode haver conflitos, como no ambiente de trabalho (estimula a comunicação racional, inibe emoções muito fortes).
    - *Anil*: criatividade, intuição e calma. Por ser uma cor próxima ao violeta, tem também características de espiritualidade. Excelente em momentos em que se necessita agir com cautela.
    - *Turquesa*: obstinação, persistência e amor-próprio. Use para demonstrar vontade de resolver problemas.

- *Verde*: segurança e equilíbrio, mas também conservadorismo. Use se deseja transmitir estabilidade e segurança (no sentido de cuidar do outro), "pés no chão", e em ocasiões em que parecer conservadora não é um problema.
  - *Verde-abacate*: frescor e energia. Use para transmitir jovialidade, entusiasmo e vontade de interagir. Por ser extremamente brilhante, deve ser usado com cautela no ambiente de trabalho (por exemplo, em acessórios pequenos).
- *Amarelo*: dinamismo e alegria. Use para instigar descontração e interação. Cuidado ao usá-lo em grandes doses, pois é percebido também como uma cor pouco sofisticada e pode fazer seu *look* parecer barato se a qualidade do tecido, o *design* e o acabamento da peça não forem dos mais altos.
- *Laranja*: fertilidade, cordialidade, dinamismo e acolhimento. Estimula os relacionamentos, o intercâmbio e a troca, por isso é ideal para os momentos em que se precisa interagir intensamente com as pessoas. Como o

amarelo, porém, pode ser percebido como uma cor pouco sofisticada e deixar seu *look* mais barato e até mais infantil.

- *Vermelho*: sexo, força, energia, vigor, agressividade, paixão e revolução. Útil para os momentos em que é necessário demonstrar coragem, vontade de mudar, prontidão para novos desafios – como quando se está buscando uma promoção (desde que seu uso seja moderado, pois pode parecer muito agressivo) –, e também quando é preciso impor sua vontade a outra pessoa (lidar com fornecedores ou pessoas difíceis, nunca com clientes ou com pessoas às quais você não gostaria de impor uma barreira ou parecer muito agressiva).
- *Rosa*: paciência, amor, doçura, carinho e feminilidade. É ideal para os momentos em que se precisa angariar simpatia e empatia, como numa entrevista de emprego (em dose pequena, por exemplo: numa camisa sob um *blazer* escuro e austero, não na roupa toda), para envolver sua equipe ou no momento de lidar com clientes difíceis.

Nunca use rosa da cabeça aos pés no ambiente de trabalho, o que a faria projetar uma imagem demasiado suave e frágil.

- *Violeta*: criatividade, misticismo e divindade. Representa também o senso artístico. O lilás, uma de suas nuances, mantém as mesmas características e, por ser mais claro, facilita a interação.
- *Marrom*: solidez e constância, mas também conservadorismo e falta de ambição. Os marrons médios projetam ainda mais a imagem de submissão e passividade. Não é adequado quando se necessita mostrar capacidade de mudança, de retomada. Por outro lado, quando bem escuro e próximo ao preto, é ideal para transmitir segurança, estabilidade e sofisticação.
- *Preto*: formalidade, elegância, sofisticação, seriedade, alta autoridade, assertividade, dignidade e poder. É excelente para transmitir segurança. Perfeito nos momentos em que se quer mostrar, simultaneamente, credibilidade e autoridade – por exemplo, quando você tem de

expor suas idéias (quando quer ser mais ouvida que questionada). Quando usado sozinho, transmite um ar de distanciamento; por isso, se essa não for sua intenção, combine-o com outras cores. Evite quando quiser atrair atenção para você e mostrar criatividade e ousadia.

- ✓ *Branco*: pureza, franqueza, credibilidade, inocência e honestidade. É uma cor excelente para os momentos em que se precisa mostrar que as soluções que você está oferecendo são as melhores e não vão trazer danos. Use para mostrar que está "jogando limpo", não tem nada a esconder. Evite se não quiser parecer ingênua demais.
- ✓ *Cinza*: seriedade, maturidade e humildade, mas também conformismo. Evite usar os tons mais opacos e claros nos momentos em que precisa mostrar reação e capacidade de implementação – se mesmo assim optar pelo cinza, acrescente acessórios ou outras peças de cores mais vibrantes. Numa entrevista de emprego, por exemplo, prefira os tons mais escuros. Se não quiser tornar-se invisível, fuja das peças cinzas em modelagens demasiado básicas e conservadoras.

- *Grafite*: tem associações mais positivas, por estar mais próximo do preto. Representa força de caráter, refinamento e autoridade.

Dica: sempre que quiser diminuir ou neutralizar as características negativas de uma cor (seja devido ao significado individual, seja pela simbologia do grupo ao qual ela pertence), combine-a com cores que tenham características opostas. Por exemplo, vestir bege da cabeça aos pés pode fazê-la parecer inofensiva, frágil e monótona demais; combine-o (mesmo que em pequenas doses) com cores como vermelho, *pink*, roxo ou turquesa e veja sua imagem mudar, adquirindo toques de ousadia, energia, criatividade e jovialidade.

Passo 3: Qualidade

Preste muita atenção na qualidade de suas roupas, pois ela pode dizer muito a seu respeito. É por isso que você deve, principalmente para as peças que pretende usar mais, comprar a melhor qualidade que puder. Só não se deixe levar pela idéia de que preço alto é garantia de qualidade, ou de que uma boa peça não pode ter preço acessível. É claro que peças bem-feitas e confeccionadas em materiais de maior durabilidade e resiliência normalmente custam mais, mas qualidade está também nos detalhes.

Se quiser mostrar que você é atenta a detalhes, cuidadosa, bem-sucedida e sofisticada, preste atenção nos seguintes detalhes:

- Arremates e costuras não devem estar enrugados ou tortos, principalmente os externos.
- A tonalidade da linha e do zíper usados deve ser igual ou muito próxima à do tecido de que é feita a peça, a não ser que a cor do pesponto seja propositalmente diferente, contrastante – por exemplo, tecido marinho com pespontos bege.

- As barras devem ter boa caída, ser retas e lisas. Nada de barras tortas, fofas, armadas ou enrugadas.
- Evite os botões de plástico – eles sempre parecerão mais baratos que aqueles de materiais mais duráveis.
- As casas dos botões devem estar retas, lisas e sem linhas ou fiapos pendurados.
- Listras, estampas e pregas devem estar alinhadas quando emendadas por costuras.
- Alguns *blazers*, casacos, vestidos, saias e calças devem ser forrados, principalmente aqueles de lã ou de tecidos que marcam a *lingerie*.
- Golas e lapelas devem assentar lisas, e não enrugar ou arrebitar – o mesmo vale para bolsos.
- Saiba como identificar peças de bom corte e caimento – isso faz uma diferença enorme para sua imagem:
  - Você terá a sensação de que elas são uma extensão de seu corpo (é por isso que projetam uma imagem de harmonia e conforto). Elas realmente parecem pertencer a você e a mais ninguém.

- Roupas muito justas projetam uma imagem de mais baratas, principalmente aquelas de tecidos mais finos e cores vibrantes ou claras.

Procure por:

- boa modelagem nos ombros;
- abotoamento que não se abra, mostrando a *lingerie*, a pele ou o que está por baixo;
- mangas de *blazers*, jaquetas e casacos que mostrem no mínimo seis milímetros de sua camisa/blusa e atinjam o ossinho do pulso quando o braço estiver estendido ao longo do corpo. Se bobear nesse ponto, vai parecer que suas roupas são maiores que você e pertenciam a outra pessoa;
- punhos de camisas que cheguem até esse mesmo osso do pulso, mas quando seu braço estiver dobrado;
- zíperes e abotoamentos sempre lisos e bem assentados.

Evite:

- bolsos com aparência pendurada;
- peças que marquem a *lingerie*;
- pregas que se abram;
- saias que subam em demasia ou se enruguem próximo à região da virilha quando você se senta;
- cavalos muito altos ou muito baixos;
- cinturas que não tenham um espaço de pelo menos dois dedos entre elas e seu corpo.

Lembre-se sempre de que essas dicas são ainda mais importantes ao considerar suas roupas de trabalho, principalmente aquelas que você vai usar em uma entrevista de emprego.

Mais dicas para otimizar sua imagem pessoal no ambiente de trabalho

Querida leitora, use tudo que aprendeu sobre linguagem das roupas para aproveitar ao máximo as dicas a seguir e potencializar sua imagem pessoal:

- ✔ Conheça e respeite a cultura da empresa para a qual trabalha, pois é ela que vai ditar o "tom" da imagem pessoal que você deve adotar.
- ✔ Descubra qual é a "imagem ideal" da profissão em que você se insere ou do cargo/posição que ocupa e como outras pessoas enxergam você. Descubra se existe disparidade entre a imagem projetada e a imagem ideal. Se preciso, cheque até mesmo a descrição de seu cargo e analise suas avaliações de desempenho – você vai encontrar dicas valiosas!
- ✔ Se você trabalha numa área de alta visibilidade – por exemplo, atendendo clientes –, procure se informar sobre os valores que são importantes para seus clientes e incorpore-os à sua imagem.
- ✔ Considere a sua rotina. Por exemplo, se sua posição exige que você esteja disponível para compromissos de última hora, você deve estar preparada para imprevistos

do clima (chuva, frio, calor), mudanças de planos e de estilo. Tenha roupas no carro e faça disso um hábito, comprando peças extras, que ficarão de prontidão no porta-malas.

- ✓ Se o trabalho toma a maior parte de seu tempo, invista mais em roupas de trabalho do que em roupas para o lazer – mas isso não significa que você deve parar de comprar roupas que não possam ser usadas no ambiente profissional (ignore essa regra somente se tiver dinheiro de sobra para investir em roupas). Entre investir um valor numa peça de trabalho que você vai usar vinte vezes durante um ano e investir o mesmo valor numa peça que vai usar duas vezes num ano, fique com a primeira opção. A relação custo-benefício, ou preço por uso, será de x/20 contra x/2; a segunda peça, ainda que tenha o mesmo preço, vai lhe custar dez vezes mais.
- ✓ Não se deixe dominar pelos modismos e tendências. É você que tem de dominá-los. Use-os de forma contida, inteligente, para trazer certo grau de modernidade à sua

imagem, mas não se preocupe em usar o *look* da moda nesse ambiente.

- ✓ Enfim, encare suas roupas como se fossem sua embalagem. Elas precisam contar exatamente, e de forma crível, quem você é, o que há por dentro. Mostre seus valores e qualidades (e disfarce seus "defeitos", porque ninguém é de ferro!) através dessa embalagem.

O que nunca deve entrar no ambiente de trabalho

Estas dicas também valem para entrevistas de emprego:

- ☹ Peças sensuais: decotes; fendas; ombros ou barriga de fora; sandálias de tiras finas e salto altíssimo; curtos e/ou transparências.
- ☹ Desleixo: cabelo sem corte, despenteado ou sujo; unhas malcuidadas; peças desbotadas, descosturadas ou pre-

cisando de qualquer tipo de manutenção; perfume forte; roupa amassada ou que se amasse facilmente; maquiagem forte ou cara completamente lavada.

- Excesso de casualidade: peças do guarda-roupa de noite; *jeans* surrados ou bordados; o trio *jeans*, tênis e camiseta; estampas exageradas; peças esvoaçantes; excesso de acessórios; acessórios que fazem barulho ou balançam (principalmente quando você fizer apresentações); bolsas de plástico (do tipo sacola de praia); vestidos floridos; rendas (um detalhe muito pequeno até vale, mas é só, e nunca em entrevistas de emprego).
- Tudo que faça você parecer invisível ou atrair muita atenção: peças de cores muito vivas ou muito neutras; sapatos muito coloridos; estampas e acessórios exagerados.
- Roupas desconfortáveis (curtas, apertadas, que pinicam etc.), pois podem distraí-la e perturbá-la.
- Estrear roupas e sapatos quando tiver um compromisso. Você nunca sabe se o sapato vai apertar, a saia vai subir, a calça pinicar etc.

3 VESTINDO-SE PARA SEU TIPO FÍSICO

Seu próprio corpo lhe mostra as melhores roupas e acessórios

Neste capítulo vamos falar sobre como reconhecer, respeitar e valorizar seu tipo físico. Aprender a vestir-se para o corpo que você tem, querida leitora, a ajudará – e muito! – a encontrar e desenvolver um estilo pessoal único e também a melhorar sua auto-estima. Digamos que esse seja o primeiro passo em direção a essas conquistas. Sabe por quê? Ao escolher roupas e acessórios que respeitem seu tipo físico, alén de obter seu melhor *look*, você se sentirá bem e confiante em suas roupas, adorará vesti-las e obterá a melhor relação custo-benefícic em suas compras, afinal vai parar de comprar errado – aquela história de comprar peças que ficam "encostadas" vai ser coisa do passado.

Muito bem, mãos à obra! Vamos começar nossa jornada em busca das peças que fazem você se sentir linda, confortável e segura. É importante esclarecer que, quando falamos em reconhecer e vestir-se para seu tipo físico, falamos em reconhecer e vestir-se para seu formato de corpo, características físicas (tamanho do busto, comprimento dos braços etc.) e estrutura física (combinação entre estrutura óssea, altura e peso). Neste capítulo vamos falar de cada um desses itens.

Só mais uma coisinha, amiga leitora. Antes de iniciarmos nossa missão de reconhecimento e aprendizagem, gostaria de lhe dizer para tirar da cabeça a idéia de que somente um formato de corpo é aceitável e bonito – por exemplo, o chamado ampulheta, em que a cintura é fininha e a largura dos ombros e a dos quadris são iguais. Ou que o único formato de seio bonito é aquele que você não tem (seja ele pequeno ou grande), ou que a altura ideal é a aquela que você só atinge com um salto 12. Desapegue-se desses mitos. Cada conjunto de características físicas tem sua beleza própria, que pode ser realçada simplesmente usando-se as peças mais adequadas. Por isso, não tenha medo de se reconhecer em nenhum dos formatos de corpo e características físicas que mostraremos a seguir. Não tenha medo de correr para a frente do espelho e ser honesta consigo mesma, avaliando cada ponto. Pode ter certeza de que, ao final dessa investigação, você terá muito mais a celebrar do que a lastimar.

O formato do corpo: usando suas curvas, ou a falta delas, a seu favor

Reconhecer o formato de seu corpo é imprescindível no momento de escolher o melhor corte e caimento para suas roupas. Somente ao compreendê-lo você poderá optar pela modelagem que mais a privilegia, realçando sua beleza. Reconhecendo esse formato, você saberá, ainda, onde concentrar os detalhes e volumes em seu *look*.

Podemos dividir os formatos de corpo em dois grandes grupos:

Retilíneos: são os retangulares, semi-retangulares e triangulares invertidos.

Curvilíneos: são os de tipo ampulheta e triangulares.

Formatos retilíneos

A característica física comum entre eles, que orienta a escolha das peças que mais os valorizam, é a pouca ou nenhuma definição na linha da cintura. Para diferenciá-los e melhor definir cada tipo, devemos observar também a relação entre a cintura, os quadris e os ombros:

Retangular (fig. 1): as linhas do ombro, cintura e quadris são da mesma largura.

Semi-retangular (fig. 2): as linhas do ombro e quadris são praticamente da mesma largura, e a da cintura é levemente mais estreita.

Triângulo invertido (fig. 3): as linhas da cintura e quadris são praticamente da mesma largura, bem mais estreitas que a linha dos ombros.

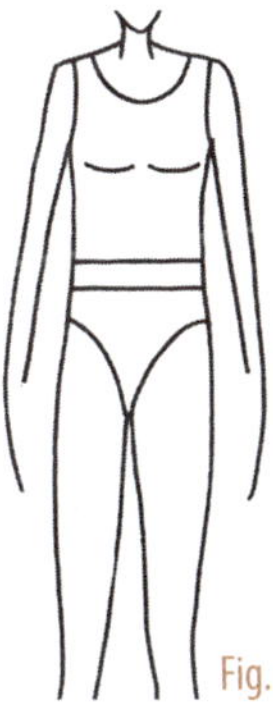

Fig. 1

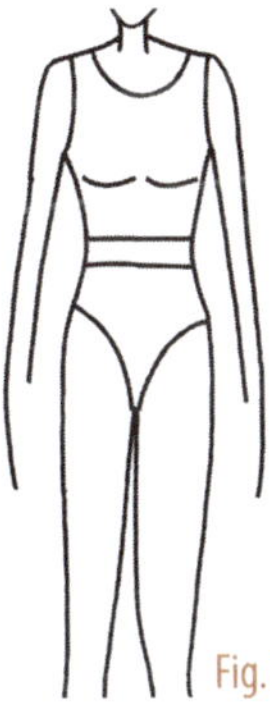

Fig. 2

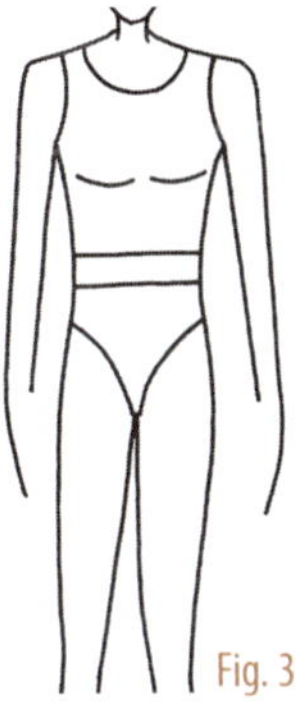

Fig. 3

Devido à pouca ou nenhuma definição da linha da cintura e à forma bastante similar como o acúmulo de peso se dá nos três formatos – sempre na região da cintura e abdome, dificilmente nos quadris e coxas (somente o formato semi-retangular acumulará algum peso nessas áreas) –, as dicas a seguir podem ser utilizadas para valorizar todos eles.

Dicas comuns aos três tipos retilíneos

Se seu corpo tem um desses formatos, é importante saber que a grande sacada é valorizar a linha dos quadris, que são estreitos nos três tipos. Ao fazer isso, você deixa a cintura mais definida e equilibra a relação dela e dos próprios quadris com os ombros.

Independentemente de qual dos três formatos seja o de seu corpo, você ficará linda e cheia de estilo ao ousar na modelagem e nos detalhes de saias, calças e bermudas – devido aos quadris estreitos, para essas peças valem até as proporções mais dramáticas, como saias e calças muito justas ou muito volumosas. Já as blusas, casacos e *blazers* precisam de menos detalhes e linhas mais limpas.

Caso você esteja acima do peso e sua cintura esteja mais grossa que os quadris e ombros, o formato de seu corpo é mais similar a um losango.

Nesse caso, avisaremos se a dica deve ser ignorada.

Adote

- Blusas, camisas, casacos, *blazers* e jaquetas:
  - blusas soltinhas na cintura e ajustadas ou com detalhes nos quadris e modelos blusê (fig. 9);
  - casacos, jaquetas e *blazers* mais retos e de comprimento no ossinho da bacia, ou em qualquer altura dos quadris (ignore se seu formato está mais próximo ao losango);
  - jaquetas de tipo *bomber* (ignore se seu formato está mais próximo ao losango);
  - camisas, casacos, jaquetas, *blazers* em linha A (os das figs. 4 e 5 têm uma suave linha A) e pelerines (fig. 5). Para manter a silhueta esguia, use-os sempre combinados com calças e saias bem sequinhas;
  - casacos, *blazers* e camisas que se mantêm sequinhos até a linha da cintura e se abrem a partir dela (fig. 7). É como comprar uma cintura pronta!

✔ Vestidos:

- retos e soltinhos;
- de tipo coluna;
- de tipo império, mesmo os bem franzidos a partir do busto – especialmente bons para quem tem o corpo semelhante ao losango;
- você pode usar também vestidos de modelagem bem sequinha até a cintura e que se abrem em A a partir dela – isso cria uma cintura mais estreita (ignore se seu formato está mais próximo ao losango).

✔ Saias:

- modelos mais sequinhos, que devem ser usados com blusas mais soltas (nunca coladas): lápis (fig. 10) e rabo de peixe (fig. 11);
- modelos mais volumosos, que devem ser usados com blusas mais secas: em camadas (fig. 12); em A ou evasês; aquelas bem mais volumosas, como as balonês ou outros modelos mais armados (fig. 6); com pregas que se abrem a partir dos quadris; com deta-

lhes mais ousados, como estampas grandes e mais horizontais e cores extravagantes (ignore se seu formato está mais próximo ao losango).

- Calças:
  - seguem o mesmo raciocínio das saias – os modelos ajustados ficam melhores quando usados com blusas mais soltinhas (sejam longas ou curtas), enquanto os modelos mais largos e volumosos ficam melhores quando usados com blusas sequinhas, de volume controlado. Veja os modelos que mais a valorizam:
    - das retas e soltinhas, pantalonas e bocas-de-sino às *leggings* e até os famigerados *skinny jeans* (fig. 4).
- Outros detalhes a ser adotados:
  - saias e calças com detalhes nos quadris e começo das coxas (bolsos, botões, bordados etc.);
  - saias, calças e vestidos de cintura baixa – pelo menos um dedo abaixo do umbigo;
  - *tops*, camisas e blusas usados por fora – se quiser, complemente com cintos mais largos, logo abaixo da cintura (no ossinho da bacia);

- triângulo invertido: para não enfatizar a largura de seus ombros, desloque os detalhes volumosos de casacos e blusas mais amplos para os braços (fig. 4).

Evite

✓ Blusas, camisas, casacos, *blazers* e jaquetas:

- *blazers*, jaquetas e blusas que terminem exatamente na linha da cintura – deixarão você quadrada e pesada;
- roupas cintadas ou com detalhes volumosos exatamente na altura da cintura (faixas, elásticos, drapeados, franzidos etc.);
- camisas, blusas e *tops* usados por dentro de saias e calças de cintura alta ou no lugar – só faça isso com peças de cintura baixa (ignore essa última parte se seu formato está mais próximo ao losango);
- *blazers* e casacos de abotoamento duplo;
- peças com golas exageradas e detalhes na cintura (fig. 8), que criam um volume exagerado na altura dos ombros, deixando a silhueta muito pesada;

- ☹ ombreiras – fuja delas!;
- ☹ estampas grandes e cores muito gritantes para essas peças, principalmente quando combinadas com calças e saias de tons discretos.

✓ Vestidos:

- ☹ de tipo tubinho, principalmente os mais colados;
- ☹ de tipo envelope (mas, se sua silhueta for semi-retangular, pode usá-los sem medo!).

✓ Saias e calças:

- ☹ com franzidos, pregas e cordões na altura da cintura;
- ☹ saias com pregas que se abrem a partir da cintura.

✓ Outros detalhes a ser evitados:

- ☹ detalhes na altura dos ombros e cintura;
- ☹ cintos exatamente na altura da cintura (fig. 8), não importa a largura deles. Só use cintos na cintura com saias bem evasês ou qualquer outra peça que crie ou aumente artificialmente a definição da cintura.

Fig. 4

Fig. 5

Fig. 6

Fig. 7

Fig. 8

Fig. 9

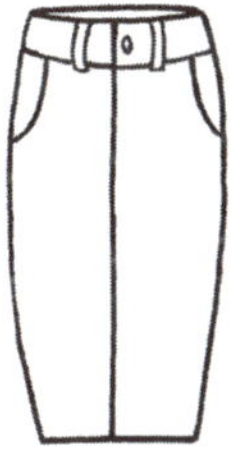

Fig. 10

Fig. 11

Fig. 12

Formatos curvilíneos

Entre as duas silhuetas curvilíneas, a característica física comum, que orienta a escolha das peças que mais as valorizam, é a alta definição na linha da cintura. Para diferenciá-las e melhor definir cada tipo, devemos observar também a relação da cintura e quadris com os ombros:

Ampulheta (fig. 13): ombros e quadris em absoluto equilíbrio e cintura bem fininha.

Triangular (fig. 14): as linhas do ombro e da cintura são praticamente da mesma largura e bem mais estreitas que a dos quadris. Todo o volume da silhueta se concentra da cintura para baixo.

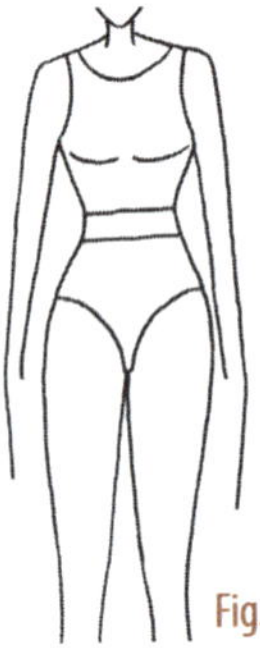

Fig. 13

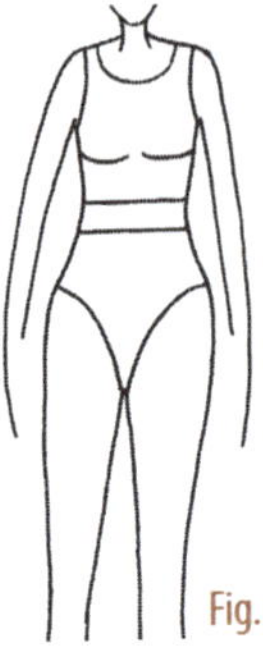

Fig. 14

Devido à forma bastante curvilínea dos quadris de ambas as silhuetas, o acúmulo de peso se dá justamente na região dos quadris e coxas, e dificilmente a cintura perderá definição, mesmo que o abdome acumule algumas gordurinhas. É por isso que as dicas a seguir podem ser utilizadas para valorizar esses dois formatos de corpo.

Dicas comuns aos dois tipos curvilíneos

Se seu corpo tem um desses formatos, é importante saber que a decisão mais esperta é valorizar a linha da cintura e mantê-la sempre definida, evitando peças que a deixem reta nessa região – o que faria sua silhueta ficar pesada e quadrada. Independentemente de qual dos dois formatos seja o de seu corpo, você o valorizará sendo mais ousada na modelagem de blusas e camisas e mais contida e *clean* com relação às calças e saias. Deixe os exageros e extravagâncias para as partes mais estreitas de sua silhueta: cintura e ombros. Detalhes extravagantes e que aumentem os ombros ficam lindos em ambas as silhuetas, mas são especialmente bons para a triangular, pois equilibram a largura dos ombros com a dos quadris.

Adote

- Blusas, camisas, casacos, *blazers* e jaquetas:
  - *blazers*, jaquetas e casacos sempre acinturados (fig. 15) e de comprimento que não acabe justamente na região mais larga dos quadris. Para quem tem pernas curtas, o melhor comprimento é na altura do ossinho da bacia (fig. 15) ou até três dedos abaixo dele; para quem tem pernas longas, tanto o comprimento anterior como aqueles no início ou meio das coxas são boas opções. Valem abotoamentos duplos ou simples;
    - o melhor tipo de barra é a arredondada, que suaviza os quadris e tem tudo a ver com a silhueta curvilínea;
    - se você tem a silhueta triangular, a melhor aposta é usar essas peças acinturadas com calças e saias mais soltinhas;

- camisas acinturadas, suéteres e malhas bem sequinhas (respeitando o comprimento indicado anteriormente), usados com calças e saias mais soltas. Principalmente se estiver acima do peso, fuja das peças mais coladas ao corpo;
- camisas, blusas e *tops* usados por dentro de calças e saias de cintura no lugar;
- desde que a linha da cintura fique sempre bem definida, você fica linda numa infinidade de modelos de blusas e camisas: com golas mais volumosas e extravagantes (só tome cuidado se você for muito baixinha e não quiser parecer ainda menor), com decotes cruzados (fig. 16), com palas frontais (fig. 17), entre outros. Reforçando: detalhes na altura dos ombros, tronco e cintura normalmente ficam ótimos em você!;
- detalhes que valorizam ambas as silhuetas, mas são especialmente bons para disfarçar quadris largos e, por isso, são imprescindíveis para o guarda-roupa de quem tem a silhueta triangular:

- blusas com palas na altura do colo (fig. 17) ou outros detalhes horizontais, especialmente bons para equilibrar ombros e quadris (deixam os ombros mais largos);
- mangas bufantes (fig. 18), de modelos mais extravagantes e volumosos (fig. 21) ou com detalhes que façam os ombros parecerem maiores (fig. 19);
- na cintura: faixas, cintos, drapeados (fig. 20);

☺ se optar por *chemises*, use os acinturados ou cintados (fig. 23).

✓ Vestidos:

☺ de cintura bem marcada e com saia em A – ao mesmo tempo que destacam a cintura, não aumentam os quadris (fig. 19);

☺ de tipo envelope (fig. 22), que tenham a saia mais reta ou em A, ou com blusa de decote cruzado (fig. 16), que acomoda bem os seios e valoriza a cintura;

☺ de tipo tubinho – indicados apenas para o formato ampulheta, por terem a saia mais afunilada (evite-os somente se não quiser parecer ainda mais curvilínea).

✓ Saias e calças:

- com cortes mais em A, de tecidos de boa caída, mais molengos. Para o formato de corpo ampulheta, essas peças podem ser também de tecidos um pouco mais volumosos;
- calças de pernas retas e soltas, também de tecidos de bom caimento;
- calças bem longas, que, ao ser usadas com saltos, mostrem no máximo um centímetro deles. Não tenha medo das que quase chegam ao chão. Para conseguir tal efeito, o tecido tem de ser bem molinho e as pernas bem soltas e retas, ou em A (fig. 24);
- calças e saias de cordão ou franzidas na cintura podem ser usadas pelo formato ampulheta, desde que você não se importe de acentuar o volume na região do abdome;
- somente para ampulheta: se não estiver acima do peso e se quiser realçar os quadris, adote saias lápis (fig. 10) e rabo de peixe (fig. 11);

- detalhes:
  - para disfarçar os quadris, o melhor comprimento da saia é na altura dos joelhos. As curtas são as piores;
  - detalhes verticais em saias e calças (vincos, por exemplo).

✓ Outros detalhes a ser adotados:

- cintos exatamente na altura da cintura. Ficam especialmente lindos quando você os usa sobre blusas por fora;
- pences profundas na região da cintura, para realmente defini-la.

Evite

✓ Blusas, camisas, casacos, *blazers* e jaquetas:

- casacos, *blazers*, jaquetas e camisas de corte reto ou mais quadrado (fig. 25);
- jaquetas de tipo *bomber*;
- camisas e blusas retas e largas, principalmente se usadas por fora, sem cinto sobre elas (escondem a cin-

tura, deixando-a da mesma largura dos quadris e, conseqüentemente, tornando a silhueta pesada);

- batas com muitos franzidos embaixo do busto e de comprimento nos quadris. Opte pelos modelos com pouco ou nenhum franzido e de comprimento até o ossinho da bacia;
- *blazers* e jaquetas quadrados, que terminem na altura dos quadris ou no começo das coxas – deixam a silhueta pesada.

✔ Vestidos:

- de tipo império, principalmente os mais volumosos, franzidos no recorte embaixo dos seios. O formato de corpo ampulheta está liberado para usar esse modelo, desde que não seja muito franzido abaixo do busto;
- se sua silhueta é triangular, evite os de tipo tubinho.

✔ Saias e calças:

- saias lápis (fig. 10) ou rabo de peixe (fig. 11) e calças muito justas ou afuniladas, caso não queira deixar os quadris ainda mais largos ou atrair atenção para eles;

- saias balonês ou com muitos babados armados, se não quiser exagerar no volume dos quadris;
- se sua silhueta é triangular, evite as minissaias – sim, elas aumentam os quadris!;
- calças justinhas, como as *leggings* e os *skinny jeans*, com blusas curtas e justas. Se optar por usá-las, combine-as com peças mais longas, como os *chemises*, que sejam acinturadas (ou usadas com cinto, para dar definição à cintura) e soltas nos quadris, de comprimento próximo ao meio das coxas ou joelhos (fig. 23);
- franzidos, pregas e cordões na altura da cintura;
- saias com pregas que se abrem a partir da cintura e/ou dos quadris (principalmente se sua silhueta é triangular).

✓ Outros detalhes a ser evitados:

- detalhes na altura dos quadris, principalmente os mais chamativos ou os horizontais.

Fig. 15

Fig. 16

Fig. 17

Fig. 18

Fig. 19

Fig. 20

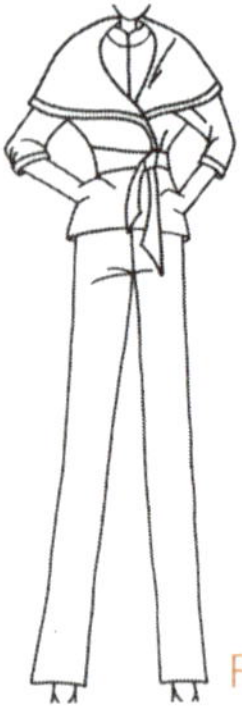

Fig. 21

Fig. 22

Fig. 23

Fig. 24

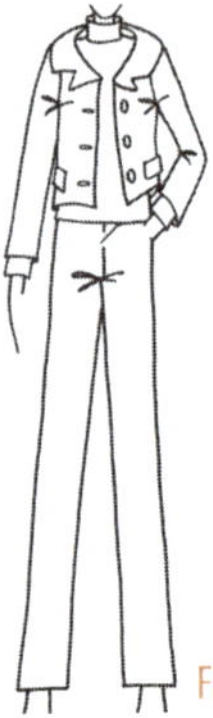

Fig. 25

As características físicas: escolhendo peças que valorizem seu corpo

Agora é hora de falarmos dos detalhes. Além de se vestir para seu formato de corpo, é preciso aprender como escolher peças que beneficiem particularmente cada uma de suas características físicas. Aqui vão as dicas para ajudá-la a disfarçar os pontos dos quais não gosta e valorizar os prediletos.

Atenção: caso você encontre dicas conflitantes, opte sempre por aquelas que a fazem sentir-se mais bonita, ou adote o meio-termo. Por exemplo: se você quer alongar o pescoço, mas também fazer com que o busto pareça maior, verá que no primeiro caso deve evitar decotes rentes ao pescoço, e no segundo deve adotá-los. A sugestão é que você evite somente os mais rentes, bem próximos ao pescoço, e adote alturas intermediárias, entre o osso da saboneteira e o início dos seios.

Pescoço longo e/ou fino

Se você possui um pescoço longo e delgado, saiba que vale muito a pena atrair atenção para ele, ressaltá-lo. Esse tipo de pescoço deixa a silhueta elegante com uma variedade enorme de decotes, colares e brincos.

Adote

- Golas altas;
- golas volumosas (fig. 26) ou exageradas (fig. 28);
- praticamente todos os tipos de decote, dos mais rasos, como o careca e o canoa (fig. 29), àqueles em V e U, mais profundos;
- detalhes nas golas dos decotes: laços, nós (fig. 18), babados etc.;
- gargantilhas e "coleiras", colares na altura do colo, brincos longos e volumosos.

Evite

- Decotes muito baixos e profundos (para quebrar o efeito desfavorável, você pode usá-los com colares mais curtos ou echarpes amarradas);
- colares muito longos, principalmente com pingentes, que criam a ilusão de um V profundo (para quebrar esse efeito, use esse tipo de colar com decotes rasos, como o canoa);
- decotes "molengos", que tenham muito caimento e deixem o pescoço com aspecto frágil.

Pescoço curto e/ou grosso

Busque peças que deixem sua silhueta mais alongada e elegante.

Adote

- Decotes profundos em V e U, em blusas, camisas, regatas, *blazers* e casacos, ou "molengos", que tenham caimento e não fiquem próximos ao pescoço;

- golas de camisas mais abertas, pelo menos até a altura do início do busto;
- colares longos, principalmente com pingentes, que criem um V;
- jaquetas e *blazers* sem gola ou colarinho, que possam ser usados abertos pelo menos até a altura do busto;
- brincos e colares mais curtos e delicados e de volume controlado (por exemplo, colares de uma volta);
- cabelos longos, que terminem abaixo da linha do pescoço.

Evite

- Golas altas, como tartaruga, padre (mao) e rulê, ou volumosas;
- decotes muito rasos, como o careca e o redondo;
- detalhes nas golas: laços, nós, babados etc.;
- gargantilhas e "coleiras", brincos longos e volumosos;
- echarpes amarradas em torno do pescoço;
- cortes de cabelo na altura do pescoço ou curtos.

Ombros largos

Ao suavizar a linha dos ombros, além de equilibrar a silhueta, você também deixa os quadris mais proporcionais.

Adote

- Decotes em U e V profundos, com frente única (fig. 30) ou alças amarradas atrás do pescoço (caso os ombros não sejam muito exagerados), e assimétricos, como os que deixam apenas um ombro à mostra;
- roupas com ombros desestruturados, com cavas mais caídas ou sem cavas;
- mangas *raglan*, quimono e morcego;
- detalhes na altura dos quadris, para criar equilíbrio;
- modelos de saia que enfatizem os quadris, como saias lápis (fig. 18) e rabo de peixe, ou que "criem" um quadril, como aquelas em A;
- *jeans* de tipo *bootcut* e pantalonas;
- alças mais grossas e posicionadas no centro dos ombros;

- colares bem longos;
- detalhes e padronagens verticais para camisas, blusas e *blazers*;
- mangas três quartos ou longas;
- casacos/*blazers* que se abram em A a partir da cintura.

Evite

- Decotes de tipo xale (fig. 21), quadrado, canoa, ombro a ombro (fig. 28);
- mangas bufantes, japonesas ou curtas (de comprimento até a altura dos seios);
- peças muito estruturadas na altura dos ombros;
- detalhes volumosos ou exagerados (como a gola da fig. 28) na altura dos ombros e colo ou na lateral dos ombros (fig. 19);
- ombreiras;
- camisas e blusas de listras horizontais;
- alças bem separadas, em direção ao final dos ombros, e mais largas;
- estolas e xales usados nos ombros.

Ombros estreitos e/ou caídos

Procure peças que os deixem mais largos e retos (equilibrando-os com os quadris mais largos).

Adote

- Roupas com cavas estruturadas ou retas, bem marcadas;
- detalhes volumosos no final dos ombros (babados, lacinhos, nós etc.);
- linhas e detalhes horizontais na altura dos ombros (por exemplo, pala frontal nas camisas);
- decotes de tipo xale (fig. 21), canoa (fig. 29), quadrado, ombro a ombro (fig. 28);
- decotes em V e U mais abertos em direção aos ombros;
- golas marinheiro ou que caiam fluidas sobre os ombros;
- alças de tiras largas, bem distantes do pescoço;
- mangas japonesas, bufantes (fig. 32) ou de comprimento até a altura dos seios (como as mangas de camisetas *baby look*).

Evite

- Roupas de cava caída, desestruturada ou sem cava (como as mangas quimono);
- mangas *raglan* e morcego;
- lapelas muito estreitas e verticais;
- detalhes volumosos ou horizontais na altura dos quadris, que os deixam ainda mais largos e, por conseqüência, fazem os ombros parecerem ainda mais estreitos;
- decotes de frente única ou alças amarradas atrás do pescoço;
- saias em A muito aberto ou saias muito volumosas.

Seios volumosos

Escolha peças que os valorizem sem deixá-los mais volumosos.

Adote

- Sutiãs de excelente sustentação, que separem e moldem os seios – fuja daqueles que façam os seios parecer uma massa dispersa sob a blusa;

- para camisas, blusas, jaquetas, casacos ou *blazers*, decotes em V ou U, com profundidade média (quanto mais próximos do início dos seios, mais elegantes), e decote xale;
- blusas e vestidos com decote cruzado (figs. 16 e 22);
- camisas, blusas, *blazers*, jaquetas e casacos de comprimento sempre abaixo da cintura – peças curtas deixam os seios maiores;
- peças que moldem a cintura e o tronco e criem ou respeitem a definição da cintura;
- mangas três quartos ou mais longas, sempre abaixo da linha do busto;
- detalhes e padronagens (estampas, listras) verticais e diagonais para blusas e casacos;
- blusas mais escuras que calças e saias;
- gargantilhas ou colares de comprimento até o colo.

Evite

- Detalhes volumosos ou chamativos na altura dos seios: bolsos, laços, franzidos, babados, linhas horizontais, contrastes de cor etc.;

- mangas que acabem na altura dos seios ou bufantes;
- lapelas exageradas (fig. 27);
- decotes rasos, como o canoa e o careca, golas altas, decotes extremamente profundos;
- blusas e camisas com estampas grandes, horizontais e/ou muito coloridas e chamativas;
- calças e saias de cintura alta;
- jaquetas, *blazers* e casacos muito curtos (na cintura ou acima dela, do tipo bolero ou *spencer*);
- bolsas de tipo baguete ou qualquer outra que fique na altura dos seios;
- camisas e blusas muito justas ou muito largas.

Seios pequenos

Ter seios delicados também é legal! Você pode usar (e ousar com) uma variedade de detalhes em suas blusas.

Adote

- Detalhes na altura dos seios: bolsos, laços, franzidos, babados, linhas horizontais, contrastes de cor, lapelas exageradas (fig. 27) etc.;
- mangas que acabem na altura dos seios e mangas bufantes;
- detalhes na lapela de *blazers* e casacos (broches de flor, vieses de cores contrastantes etc.);
- decotes rasos, como o careca e o canoa; em V e U pouco profundos; golas altas (tartaruga, mao), inclusive com laços e nós (figs. 17 e 18), ou bem volumosas (fig. 26);
- muitos colares ou colares de muitas voltas, em qualquer comprimento;
- boleros – eles ficam lindos!

Evite

- Se não quiser que os seios pareçam menores, evite os decotes muito profundos ou os do tipo império. Se não se importa, esqueça essa sugestão, porque você é a única mulher que fica sofisticada num decote que vai até o umbigo;

- ☹ blusas e *tops* muito justos – ou use-os com sutiãs que lhe proporcionem boa definição – ou muito largos;
- ☹ detalhes verticais e listras em blusas e camisas, principalmente na altura dos seios.

Braços longos e/ou finos

Se você tem braços longos e nunca lhes deu atenção, comece a tratá-los bem e cubra-os de presentinhos – braceletes e pulseiras interessantes, mangas com punhos diferentes etc.

Adote

- ☺ Mangas nos mais variados comprimentos e modelos – para melhor efeito, leve em consideração o formato de seus ombros na hora de escolhê-las;
- ☺ mangas e cavas que deixem os braços completamente à mostra (figs. 16 e 26);

- punhos duplos, dobrados ou qualquer modelo de punho mais extravagante – para qualquer comprimento de manga;
- acessórios que cubram boa parte dos braços – quanto mais longos os braços, mais largo (e não grosso) pode ser o bracelete ou o relógio, ou mais pulseiras você pode usar;
- detalhes nas mangas: contrastes de cor, franzidos, cordões, franjas, bolsos, lapelas, detalhes horizontais etc.

Evite

- Braceletes, pulseiras e relógios estreitos ou muito volumosos, caso seu braço seja fino;
- mangas muito justas, no caso de você não querer que os braços pareçam mais finos.

Braços curtos e/ou grossos

Procure alongá-los e tirar o máximo proveito deles.

Adote

- Mangas que passem da linha do cotovelo (mangas três quartos, dobradas ou longas), alças ou mangas cavadas até os ombros (caso não se incomode com a grossura dos antebraços);
- mangas ajustadas e sequinhas – ficam especialmente bem em você;
- punhos simples e delicados;
- acessórios que cubram pouco espaço dos braços – pulseiras, braceletes e relógios devem ser estreitos;
- detalhes ou listras verticais nas mangas.

Evite

- Camisas com punhos largos, duplos ou extravagantes;
- detalhes nas mangas (principalmente os horizontais e os que agregam volume);
- braceletes e relógios largos ou muitas pulseiras;
- mangas muito largas ou volumosas (fig. 31);

- mangas que acabem na parte mais grossa do braço (fig. 33) ou imediatamente antes (por exemplo, evite mangas curtas que vão até o meio do antebraço, se quiser tirar a atenção dessa área em especial).

Tronco longo

O ideal é atrair atenção para essa região do corpo e procurar não deixá-la ainda mais longa, o que faria as pernas e a silhueta como um todo parecerem mais curtas.

Adote

- Roupas de cintura alta ou no lugar – se o quadril for muito largo, a cintura um pouquinho mais baixa é a melhor opção (um dedo abaixo do umbigo já resolve);
- roupas cintadas (figs. 21 e 23);
- blusas e camisas usadas por dentro. Para usá-las por fora sem encurtar as pernas, elas devem ter o comprimento no ossinho da bacia ou até três dedos abaixo;

- cores mais chamativas para blusas e camisas do que para calças e saias;
- linhas, listras, estampas e detalhes horizontais em blusas, camisas, jaquetas, *blazers* etc. – desde que você não esteja acima do peso;
- as diagonais divergentes também funcionam assim – mas evite-as se seus ombros forem muito estreitos;
- boleros, *spencers* e blusas de comprimento na cintura ou acima dela;
- detalhes chamativos na parte superior do corpo (ombros e pescoço). Se seu tronco é estreito, além de longo, abuse dos detalhes também na região da cintura e do próprio tronco;
- conferir as dicas dadas em "Pernas curtas".

Evite

- Calças, saias e vestidos de cintura muito baixa;
- camisas, blusas, jaquetas, *blazers* e casacos de comprimento na virilha – esse é um dos casos em que mais se encurtam as pernas – e no início ou meio das coxas;

- cintos usados muito abaixo da linha da cintura;
- blusas e *tops* muito largos ou retos (caso você tenha cintura bem definida).

Tronco curto

O ideal é optar por peças que, apesar de alongarem o tronco, não encurtem as pernas.

Adote

- Calças e saias de cintura mais baixa, pelo menos dois dedos abaixo do umbigo – leve essa proporção a sério principalmente quando usar blusas por dentro;
- vestidos ou blusas com a cintura deslocada para cima (do tipo império) ou para baixo (cinturas baixas);
- blusas e camisas por fora, de comprimento a partir do osso da bacia (figs. 28, 29 e 33). Não tenha medo dos comprimentos no meio da coxa ou até os joelhos, principalmente se você tem altura pelo menos mediana;

- se optar por usar blusas por dentro, escolha calças e saias de cintura baixa;
- cores e estampas chamativas para calças e saias;
- linhas, listras, estampas e detalhes verticais (fileiras de botões, zíperes, vivos, tiras e outros) em blusas, camisas, jaquetas, *blazers* etc., além de diagonais convergentes, se os ombros não forem muito largos;
- detalhes mais chamativos na parte inferior do corpo;
- se seu tronco é grosso, além de curto, adote peças (blusas, camisas, *blazers* etc.) sequinhas – nem muito largas e disformes nem coladas;
- conferir as dicas dadas em "Pernas longas".

Evite

- Roupas de cintura alta ou no lugar;
- cintos na cintura, principalmente contrastantes. Desloque-os para a região dos quadris;
- cores mais chamativas para blusas e camisas do que para calças e saias;

- linhas, listras, estampas e detalhes horizontais em blusas, camisas, jaquetas, *blazers* etc.;
- blusas e camisas usadas por dentro (use-as assim somente quando a calça ou saia for de cintura baixa);
- blusas, camisas, *blazers*, jaquetas e casacos de comprimento na cintura e os que já vêm cintados;
- blusas, *tops* e camisas muito colados;
- qualquer peça de comprimento na cintura ou acima dela (fig. 32).

Pernas curtas

A ordem é alongá-las e com isso alongar a silhueta como um todo.

Adote

- Cores e estampas mais chamativas para blusas e camisas;
- detalhes verticais nas saias (inclusive nos vestidos) e calças: linhas, listras, estampas, vincos, zíperes etc.;

- calças, saias e vestidos de cintura alta ou no lugar;
- calças de comprimentos que cheguem até o peito do pé, bem longas, preferencialmente usadas com salto. Para isso, elas precisam ter a boca levemente mais larga e a barra deve chegar a até um centímetro do chão. Para efeito máximo, combine com calçados de tons discretos, iguais ou semelhantes ao da calça;
- saias e bermudas logo acima dos joelhos, nos joelhos ou imediatamente abaixo deles, deixando toda a extensão da panturrilha à mostra – esse é um dos comprimentos mais favoráveis para quem quer alongar as pernas;
- calças e saias mais soltas, larguinhas e em corte A;
- calças e saias sem detalhes que agreguem volume (evite, por exemplo, bolsos, franzidos e bordados na altura das pernas);
- calçados que não contrastem muito com a barra das calças e saias. Sandálias bege, caramelo, *off-white* ou de outros tons que fiquem quase invisíveis sobre a pele são as melhores apostas para usar com saias;

- calçados sem detalhes no tornozelo e bem abertos em direção ao peito do pé;
- conferir as dicas dadas em "Tronco longo".

Evite

- Cores e estampas chamativas para calças e saias;
- linhas, listras, estampas e detalhes horizontais em calças e saias;
- detalhes chamativos na barra de calças e saias (ou próximo a ela);
- calças, saias e vestidos de cintura muito baixa;
- calças e saias de comprimentos que cortem o meio da coxa ou da panturrilha, ou na altura da canela. Por exemplo, calças capri ou do tipo pescador;
- calças muito justas, como as *leggings* e as *skinnies*, principalmente quando usadas com blusas de comprimento no início da coxa;
- calçados muito chamativos ou contrastantes com calças e saias;

- calçados com detalhes no tornozelo;
- botas de cano médio ou curto usadas com saias;
- calças com barra virada, principalmente as mais exageradas e chamativas;
- calças estilo *cargo*.

Pernas longas

Pernas longas são uma bênção – tire o máximo proveito, atraindo atenção para elas.

Adote

- Cores ou estampas mais chamativas para calças e saias do que para blusas;
- linhas, listras, estampas e detalhes horizontais em calças e saias (mas os verticais não estão descartados). Só não exagere, para não encurtar demais as pernas;
- calças, saias e vestidos de cintura baixa, sempre!;
- calças e saias dos mais variados comprimentos (sempre respeitando os pontos mais largos e estreitos da perna);

- calças e saias justas e rentes ao corpo alongam ainda mais as pernas, porém você está livre para usar até as pantalonas mais largas sem medo de encurtá-las – desde que tenha pelo menos estatura mediana;
- calçados interessantes e ousados. E botas, muitas botas, principalmente com saias dos mais variados comprimentos! Atenção apenas se for combinar botas de cano alto com minissaias, que podem ficar juvenis demais, dependendo de sua idade e aparência física – evite o *look* paquita!;
- calçados com detalhes no tornozelo;
- calças com barra dupla ou do tipo italiana;
- detalhes na barra de calças, saias, vestidos e casacos;
- casacos sete oitavos ou três quartos;
- confira as dicas dadas em "Tronco curto".

Evite

- Cores mais chamativas para blusas e camisas do que para calças e saias;
- linhas, listras, estampas e detalhes horizontais em blusas, camisas, jaquetas, *blazers* etc.

Coxas grossas

Se suas coxas são mais grossas do que gostaria, observe as dicas a seguir.

Adote

- Saias nos joelhos, ou imediatamente abaixo deles, que deixem toda a extensão da panturrilha exposta. Prefira as mais soltinhas e de corte em A (fig. 17);
- calças e saias justas e/ou afuniladas;
- casacos, camisas e blusas de comprimentos que não terminem na extensão das coxas;
- confira as dicas dadas em "Pernas curtas".

Evite

- Comprimentos que acabem em qualquer parte das coxas, principalmente aqueles que ficam exatamente no meio delas (minissaias, casacos etc.);
- detalhes na altura das coxas, seja em barras de casacos, seja em calças e saias.

Quadris largos e cintura fina

Se quiser valorizá-los sem deixar os quadris mais largos, a idéia é equilibrá-los com a largura dos ombros.

Adote

- Cores e estampas mais chamativas para blusas e camisas;
- detalhes, linhas, listras e padronagens verticais (como a risca de giz) em calças e saias;
- calças que cheguem até o peito do pé (para isso, elas devem ter barra larguinha);
- saias nos joelhos, logo acima ou imediatamente abaixo deles;
- calças soltinhas, largas e retas ou em A, de tecidos de excelente caída, mais molengos e pesados;
- saias em A ou mais largas em direção à barra;
- cós lisos, sem pregas ou franzidos;
- *blazers*, jaquetas e casacos sempre acinturados (fig. 15) e de comprimentos que não acabem justamente na re-

gião mais larga dos quadris. Para quem tem pernas curtas, o melhor comprimento é na altura do ossinho da bacia (fig. 15) ou até três dedos abaixo dele; para quem tem pernas longas, tanto o comprimento anterior como os comprimentos no início ou no meio das coxas são uma boa opção;

- cintos usados na cintura;
- confira as dicas dadas em "Ombros estreitos e/ou caídos" e "Formatos curvilíneos".

Evite

- Cores e estampas mais chamativas para calças e saias;
- túnicas, blusas e casacos de comprimento exatamente na parte mais larga dos quadris;
- linhas, listras, estampas e detalhes horizontais em calças e saias, principalmente na altura dos quadris;
- estampas muito chamativas ou contrastantes para calças e saias (se quiser usar estampas, opte pelas de fundo escuro);

- calças, saias e vestidos de cintura muito baixa ou muito alta (as últimas também aumentam o volume dos quadris);
- calças e saias afuniladas e justas, do tipo lápis (fig. 10), rabo de peixe (fig. 11) etc.;
- calças e saias de comprimentos que cortem o meio da coxa ou da panturrilha ou na altura da canela (calça capri ou pescador);
- botas de cano médio ou curto usadas com saias;
- calças estilo *cargo*;
- bolsos, franzidos, franjas e bordados na altura dos quadris.

Quadris estreitos e cintura grossa

Equilibre-os com os ombros, acentuando-os e até mesmo adicionando a eles algumas curvas.

Adote

- Cores e estampas mais chamativas para calças e saias (o xadrez é uma excelente opção para essas peças);

- linhas, listras, estampas e detalhes horizontais (por exemplo, os drapeados dos quadris que aparecem na fig. 33) em calças e saias, principalmente na altura dos quadris;
- comprimentos na altura dos quadris para blusas, casacos e *blazers* – são excelentes! Não descarte outros, apenas os comprimentos na cintura e acima dela (fig. 32);
- calças e saias de comprimentos que cortem o meio da panturrilha ou na altura da canela. Por exemplo, calça capri ou pescador;
- calças em formato A que criem um quadril para você, como as pantalonas, ou bem justinhas nos quadris, seja com pernas afuniladas (só fuja delas se seus ombros forem muito mais largos que os quadris), como as *skinnies*, seja as abertas a partir dos joelhos, como a boca-de-sino ou a do tipo *bootcut*;
- os mais variados modelos de saias: em A, godês, com pregas que se abrem a partir dos quadris, com babados, lápis, rabo de peixe e retas;
- cintos na altura dos quadris;

- bolsos, franzidos, franjas e bordados na altura dos quadris;
- conferir também as dicas dadas em "Ombros largos" e "Formatos retilíneos".

Evite

- Cores e estampas mais chamativas ou horizontais para blusas e camisas (fuja do xadrez grande);
- linhas, listras, estampas e detalhes verticais em calças e saias, se seus quadris forem muito estreitos, ou horizontais em blusas e camisas;
- blusas e camisas por dentro, principalmente se a saia ou a calça tiver cintura no lugar ou alta;
- cintos e detalhes horizontais ou volumosos na altura da cintura;
- camisas, blusas e casacos de comprimento na cintura ou logo acima dela (fig. 32);
- roupa muito volumosa nos ombros ou no tronco (por exemplo, suéteres de tricô de ponto muito aberto).

Abdome saliente

Procure disfarçar a barriguinha seguindo as dicas abaixo.

Adote

- Peças com pouco ou nenhum volume na região da barriga. Volumes delicados podem até camuflar um abdome mais saliente (como o drapeado que aparece no vestido da fig. 16);
- blusas e camisas escuras;
- camisas e blusas usadas por fora da calça ou da saia, terminando abaixo da barriga (nunca exatamente sobre ela). Nunca use blusas muito justas (que marcam) ou muito largas e armadas (que aumentam o volume da silhueta como um todo). As mais soltinhas e molinhas funcionam bem;
- saias e calças sem cós ou de cós bem estreito;
- saias e calças soltas (porém sem franzidos ou pregas), de tecidos fluidos;

- saias e calças com abertura ou abotoamento lateral ou traseiro, de frente lisa, sem recortes horizontais;
- peças com padronagens e detalhes verticais.

Evite

- Volume na região da barriga;
- calças e saias franzidas, com cordão e/ou pregas na barriga;
- tecidos brilhantes e coloridos próximo ao abdome;
- camisas e blusas por dentro da calça;
- camisas e blusas de listras horizontais, principalmente se forem justas;
- saias e calças com cós muito volumoso;
- blusas, camisas e casacos que terminem exatamente sobre a barriga;
- cintura muito baixa ou muito alta;
- calças e saias justas ou apertadas (como as saias lápis e rabo de peixe) – elas marcam o contorno arredondado da barriga. Se optar por elas, combine-as com blusas

soltinhas (não largas e armadas) e de comprimento mais próximo aos quadris.

Bumbum grande

Se essa é uma característica que a incomoda, veja como disfarçá-la sem perder suas curvas.

Adote

- Calças e saias nem muito justas nem muito largas, fluidas, de tecidos de boa caída, ou calças com pernas mais largas;
- jaquetas e casacos que cubram o bumbum até a metade, normalmente a parte mais volumosa;
- detalhes na altura dos ombros e atenção voltada para o rosto;
- tecidos escuros, lisos ou de padronagem vertical para saias, calças e bermudas;
- calças, saias e bermudas sem bolsos traseiros, ou com bolsos de pouco volume e sem lapela;

- *jeans* mais escuros, de bolsos lisos, chapados, grandes, posicionados mais embaixo e próximo à costura do meio;
- saias e bermudas de comprimento próximo aos joelhos.

Evite

- Tecidos brilhantes, estampados, claros ou armados para calças e saias;
- saias e *shorts* curtíssimos;
- calças e saias muito justas (a não ser que você realmente queira dar ênfase ao bumbum);
- bolsos traseiros muito volumosos ou com lapelas exageradas;
- *jeans* sem bolsos ou com bolsos pequenos, altos e afastados, ou com estonagem na região do bumbum;
- detalhes traseiros em calças e saias.

Bumbum pequeno

Veja as dicas a seguir para deixá-lo com mais curvas e valorizá-lo.

Adote

- Bolsos traseiros, principalmente quadrados e com lapelas e pregas, com detalhes horizontais ou com detalhes que agreguem algum volume à região;
- cores claras e brilhantes para calças e saias, que não devem ser nem muito justas (se você tem bumbum muito pequeno) nem muito largas;
- casacos, jaquetas e *blazers* que acabem na altura do bumbum ou um pouquinho mais embaixo;
- saias de babados ou com pregas que se abrem a partir do osso dos quadris.

Evite

- Estampas verticais e listras;
- calças mais ajustadas e sem bolsos traseiros.

Mulheres altas e magras

Tire proveito de cada centímetro!

Adote

- Desenhos, listras e recortes horizontais espalhados pela silhueta;
- misturas de cores (abuse delas!), roupas de mais de uma cor;
- cintos largos e contrastantes;
- sobreposições, principalmente na proporção mais longa do corpo (tronco x pernas);
- blusas, camisas, túnicas e casacos longos – os de comprimento no meio das coxas ficam lindíssimos em você;
- sapatos de cores contrastantes e modelos extravagantes;
- acessórios grandes e vistosos;
- detalhes na barra das calças, saias e blusas.

Evite

- Desenhos, listras e recortes verticais, se não quiser parecer mais alta – caso contrário, ignore esse conselho;
- estampas, detalhes e acessórios miúdos, muito delicados, que se percam em você;

- vestidos muito longos e retos, caso queira criar curvas.

Para parecer mais alta

Veja a seguir dicas para alongar a silhueta.

Adote

- Desenhos, listras e recortes verticais na roupa como um todo, ou pelo menos nas peças que vestem sua proporção mais curta (tronco x pernas);
- peças de estilo *clean*, sem exagero de detalhes e volumes – concentre os detalhes numa só área, preferencialmente da cintura para cima;
- *look* monocromático, principalmente de cores escuras ou foscas;
- estampas delicadas, tecidos leves e fluidos, acessórios e detalhes pequenos (desconsidere ambos se você tem altura mediana);
- saltos delicados, mais finos. Os saltos médios são os ideais, nunca os muito altos, pois, quando estes são compara-

dos com suas pernas (quando você os usa com saia), fica claro que são desproporcionais a seu tamanho;

- calças ou saias combinadas com sapatos da mesma cor ou tom;
- acessórios interessantes (colares, gargantilhas, brincos, broches etc.) que dirijam a atenção para o rosto;
- peças de corte seco – quanto mais largas e/ou volumosas, menos alta você parecerá;
- vestidos e saias até os joelhos ou acima deles, nunca abaixo;
- vestidos e saias com barras assimétricas;
- colares longos, porém delicados.

Evite

- Os exageros: muito volume, muito comprimento, detalhes muito grandes, estampas enormes etc.;
- roupas largas ou de tecidos de caída dura, armada;
- roupas de tons e cores muito contrastantes, que dividem horizontalmente a silhueta;

- sapatos e cintos de cores contrastantes com as da roupa, ou detalhes horizontais contrastantes, que dividem a silhueta (ao meio ou em várias partes);
- roupas de listras horizontais, principalmente de cores contrastantes;
- sobreposições;
- acessórios muito grandes ou volumosos;
- saltos muito altos ou volumosos;
- cabelos muito longos.

Para parecer mais magra

Não fique escrava destas dicas, mas siga-as sempre que quiser parecer mais magra.

Adote

- *Look* monocromático, principalmente de cores escuras;
- desenhos, listras e recortes verticais na roupa como um todo;

- peças inteiras, como macacões e vestidos, que respeitem o formato do corpo e suas características físicas;
- jaquetas e *blazers* sem colarinho ou lapela, ou com lapela bem vertical e mais estreita, principalmente se você tem ombros largos ou muito busto;
- decotes em V (melhor ainda se mais profundos!);
- colares e brincos longos e fluidos;
- truques que atraiam atenção para o rosto (brincos, maquiagem bem-feita, bom corte de cabelo etc.);
- cabelos longos ou médios e com volume;
- confira também as dicas dadas em "Para parecer mais alta".

Evite

- Os exageros, principalmente referentes ao volume dos acessórios e das peças de roupa e seus detalhes. Por exemplo, estampas muito grandes, casacos, blusas e saias muito longos;
- jaquetas, *blazers* e casacos de abotoamento duplo ou com lapela e gola exageradas (fig. 27);

- roupas exageradamente justas ou largas e armadas;
- saias franzidas;
- blusas, *tops* e camisetas sem mangas ou com mangas muito curtas ou volumosas, como as bufantes (fig. 32);
- cabelos muito curtos ou sem nenhum volume;
- cintos e sapatos de cores que contrastem com as roupas (eles dividem a silhueta, deixando-a mais larga);
- estampas muito pequenas, acessórios muito delicados e sapatos de saltos muito finos e altos (quando usados com saias).

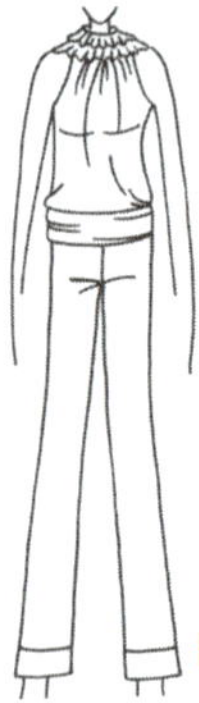
Fig. 26

Fig. 27

Fig. 28

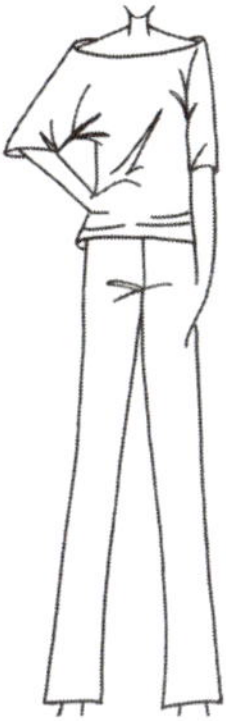
Fig. 29

Fig. 30

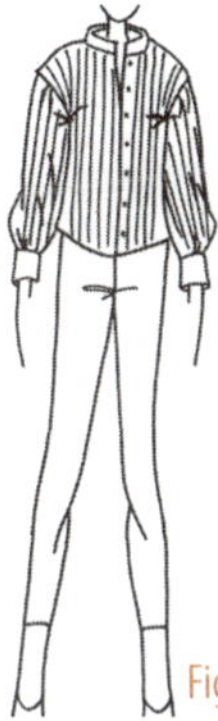
Fig. 31

Fig. 32

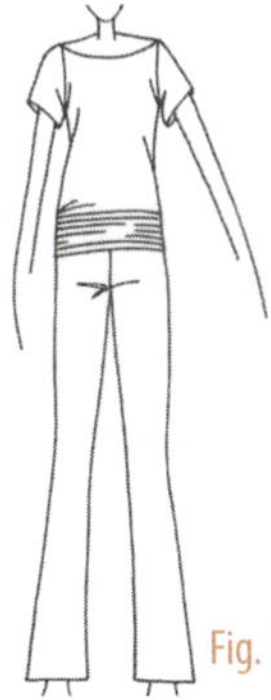
Fig. 33

A estrutura física: descobrindo o melhor tamanho para suas peças

A combinação da ossatura, do peso e da altura determina sua estrutura física e, conseqüentemente, o tamanho mais adequado dos detalhes em suas roupas e de seus acessórios. A idéia aqui é trabalhar a favor da harmonia. Se sua estrutura física é pequena, por exemplo, os acessórios e detalhes que mais se harmonizam com você são justamente os pequenos e delicados.

É claro que você pode, à sua estrutura física, somar sua personalidade e, digamos, desrespeitar essa harmonia. Se você tem estrutura física pequena, porém sua personalidade é forte e marcante, pode optar por acessórios maiores (mas de preferência escolha um ponto focal e evite usar todos os acessórios de tamanho exagerado); o oposto também é verdadeiro.

Veja como classificar sua estrutura física:

Estrutura pequena: estatura baixa + peso baixo + ossatura em geral delicada, com punhos e tornozelos finos.

Estrutura média: estatura + peso + ossatura medianos; ou estatura de mediana a alta + pouco peso + ossatura delicada; ou estatura baixa + peso mais alto + ossatura grande (tornozelos e pulsos grossos).

Estrutura grande: estatura alta + peso médio ou alto + ossatura média ou grande.

Dica: considere também os pontos que estejam em "desarmonia" com sua estrutura física. Por exemplo, se você tem estrutura média, mas seus tornozelos são finos, opte por calçados delicados, com saltos mais finos, quando suas pernas estiverem expostas; se possui o tornozelo grosso, opte por calçados com saltos um pouco mais grossos, que tenham uma estrutura mais equilibrada com essa característica em especial; se seus punhos são grossos, opte por braceletes e pulseiras marcantes, volumosos – se usar um acessório muito delicado, seu pulso parecerá ainda mais grosso (o mesmo acontece com os sapatos).

Enfim, é importante que, ao escolher roupas e acessórios, você opte por peças que estejam em proporção com sua estrutura física. Por isso fique atenta aos seguintes pontos:

Ao escolher roupas:

- tamanho de estampas, bolsos, lapelas, botões, bordados, pregas, punhos etc.;
- largura e tamanho de pespontos e costuras.

Ao escolher acessórios:

- tamanho de bolsas, brincos, colares, gargantilhas, relógios, braceletes, pulseiras, anéis etc.;

- tamanho e volume dos saltos e bicos dos sapatos;
- largura dos cintos.

A coloração pessoal: escolhendo as cores que realçam seu tipo físico

Assim como nem todos os modelos de roupas e acessórios ficam bem em todo mundo, tons e cores também não. Esteja certa, cara leitora, de que aquela cor que fica linda na sua amiga pode não ficar tão bem assim em você, ou que a cor da estação, aquela que você vê nas coleções de todos os *designers*, pode não lhe cair bem.

É importante entender como as cores combinam ou não com determinados tipos físicos e, mais importante, se combinam ou não com o seu. Não existe sequer uma cor que fique bem ou mal em absolutamente todo mundo, então não se deixe levar por sugestões do tipo: "Que tal um pretinho básico?", ou: "Todo mundo fica bem de preto". Isso não é verdade. Algumas pessoas ficam maravilhosas de preto, outras parecem abatidas ou até mais velhas do que são – e isso acontece com todos os outros tons. A boa notícia é que dá para usar todas as cores – é só saber como.

As cores refletem luz, por isso as cores das roupas que ficam próximas de seu rosto são aquelas com as quais você deve ser mais cuidadosa – cores de calças e saias, por exemplo, por menos que a valorizem, podem ser usadas sem medo. Aliás, é por isso que você pode usar qualquer cor, desde que saiba onde posicioná-la. Se você não está certa de que uma cor lhe cai bem, ou sabe que a deixa com uma aparência ruim, mas você a adora, use-a nas peças que ficam distantes de seu rosto. Simples assim!

Para determinar exatamente que cores e tons ficam bem em meus clientes, conduzo uma sessão chamada de análise de cores. Ela é realizada durante duas horas e é um processo bastante interessante e preciso, mas impossível de reproduzir aqui. No entanto, na seqüência você verá como observar se uma cor a favorece ou não, da mesma forma que eu observo seus efeitos em meus clientes.

Como verificar se uma cor a valoriza

Para saber se a cor de uma roupa realmente fica bem em você, coloque-a dois dedos abaixo da linha do queixo e confira os efeitos (procure olhar-se no espelho, sob a luz do dia, num local iluminado).

As linhas do rosto devem ficar bem definidas, o contorno do queixo bem marcado, e não emendado ao pescoço, como se você não tivesse queixo.

As olheiras devem tornar-se mais suaves, nunca mais escuras.

Os tons da pele e da boca devem ficar mais rosados (tire o batom para observar melhor), nunca amarelados, esverdeados ou pálidos.

Os olhos precisam permanecer brilhantes, nunca opacos ou com a parte branca amarelada.

4

DICAS QUE FAZEM A DIFERENÇA

Este capítulo está recheado de dicas que vão ajudá-la a consolidar seu estilo, otimizar sua imagem pessoal e sentir-se ainda melhor com as roupas e os acessórios que você já possui ou que venha a comprar. São dicas simples, mas que fazem a diferença!

Como ter um guarda-roupa versátil

Querida leitora, tente visualizar o lugar (ou lugares) em que você guarda suas roupas. Pense com cuidado e não deixe para trás nem aquelas caixas que colocou embaixo da cama... Agora, munida da mais desconcertante sinceridade, responda:

- ✓ Quantas de suas roupas e acessórios você não usou no último ano?
- ✓ É fácil para você ver todas as peças que possui?
- ✓ Quantas dessas peças você usa com freqüência? Tente estimar uma porcentagem.

É muito provável que haja peças em seu guarda-roupa que dificilmente – ou nunca – são usadas. Ao mesmo tempo, há algumas poucas que são suas preferidas, queridinhas do coração, que a acompanham no dia-a-dia. Pois é, leitora, a verdade é que a grande maioria das mulheres – e provavelmente você também – usa apenas de 20% a 50% do que possui. Triste, não? Principalmente se se levar em consideração que roupas custam dinheiro. Já imaginou o que você poderia ter feito com todo o dinheiro que desperdiçou comprando roupas que não usa?

Mas por que isso acontece? E como pode ser evitado? Eis algumas explicações. Veja qual delas se aplica a você:

Você é uma romântica incurável. Não consegue nem pensar em se livrar daquelas peças que usou em momentos especiais ou que ganhou de pessoas queridas, mesmo que seja improvável que você um dia vá vesti-las novamente. Você tem três alternativas para solucionar esse problema:

- Livre-se de todas elas e ponto final.
- Livre-se de boa parte delas.
- Mantenha-as estocadas – nunca com as roupas que você realmente usa, e sim guardadas no maleiro, o que economiza espaço para as novas peças.

Você anda com preguiça. Nem pensa em dedicar um tempinho àquelas peças que estão à espera de um ajuste ou reparo, ou às que não têm conserto.

- Tire de seu guarda-roupa tudo que você não pode consertar – peças que estão apertadas demais, curtas demais, rasgadas etc.
- Conserte aquelas que você pode – sem botão, descosturadas, muito longas ou largas, desbotadas (que você possa tingir) etc.

Seu estilo de vida mudou. E você ainda não adaptou seu guarda-roupa às novas necessidades geradas por essa mudança.

- Comece a comprar peças que façam sentido nesse novo contexto.

Seu guarda-roupa está desorganizado. Por isso você não consegue ver tudo que possui.

- Para você se lembrar de tudo que tem, é preciso ver as peças. Então, organize seu armário de forma que seja possível ver tudo que está guardado ali.

Você anda mentindo para si mesma. Usa frases do tipo: "Quando eu perder peso, essa roupa vai ficar linda", "Só vou comprar peças novas quando estiver bem magrinha", "Um dia a moda volta e aí eu vou arrasar com essas polainas" etc.

- Vista-se para o corpo que você tem hoje, até porque a grande maioria de nós nunca está satisfeita com o próprio peso, altura, formato do busto etc.
- Não espere uma peça voltar à moda. Mesmo que ela volte, provavelmente será feita com tecidos mais inteligentes e modelagem reinterpretada. Só mantenha o que for clássico e tiver uma marca de peso por trás – quem sabe um dia será *vintage*.

Você comprou por impulso. Por isso algum elemento da roupa – ou vários – não a favorece. Pode ser a cor ou a modelagem que são ruins para você, ou a peça não tem nada a ver com seu estilo e você comprou só porque a vendedora (ou sua mãe, sua irmã, sua melhor amiga etc.) disse que estava linda, ou porque estava na "última moda".

- Compre aquilo que a favorece e de que você realmente gosta, não o que lhe dizem para comprar.

Nada conversa com nada. Você leva aquela peça maravilhosa para casa, mas ela fica sem uso porque você não tem com que usar. Nada, ou muito pouco, no seu guarda-roupa é coordenável.

- Só compre peças que você possa coordenar com pelo menos outras três que já possua – se é uma blusa, por exemplo, pense com que calças, saias e calçados vai poder usá-la.
- Se não tiver nada para combinar com a peça, mas você realmente a adorou, não vá para casa sem comprar algo que possa viabilizar seu uso.

- Invista em acessórios e em itens básicos – eles são ótimos para servir de ligação entre peças ou de moldura para peças especiais e por isso difíceis de coordenar.

Desinformação. Você não sabe o que lhe cai bem ou não.

- Não sabia! Aproveite todas as dicas deste livro sobre como se vestir para seu tipo físico e avalie as peças que já tem – e as que vai comprar também. Livre-se das que não a valorizam, ou reforme-as, quando possível.

Lembre-se: um guarda-roupa que funcione precisa se adequar à sua personalidade, estilo de vida, estilo pessoal, tipo físico e orçamento.

Muito bem, leitora. Chegou a hora de reavaliar seu guarda-roupa e pensar nele como um aliado. A boa notícia é que, uma vez que você já possui informações sobre o que valoriza seu tipo físico e estilo pessoal, além de ter descoberto seus principais erros, isso vai ser fácil. Você poderá montar um guarda-roupa muito mais versátil e útil, que realmente funcione e facilite sua vida. Lembre-se sempre: um guarda-roupa bem organizado economiza seu dinheiro e seu tempo – quantas horas você não passa prostrada na frente dele, pensando: "E agora, o que é que eu visto?" E não pense que versatilidade é sinônimo de quantidade, pois você precisa não de um *closet* lotado, e sim de um recheado de peças que a valorizem.

Tudo começa com uma "superarrumação", que deve ser feita no mínimo uma vez por ano. O resultado vale o esforço, por isso não deixe de fazê-la. E continua com você levando para casa apenas peças que se encaixem em seu tipo físico, estilo pessoal (aquilo de que você gosta) e estilo de vida (o que você realmente usa e do que precisa). Mãos à obra!

A superarrumação passo a passo

Reserve um dia só para ela e invista esse tempo na análise e na organização de seu guarda-roupa. Descubra o que há nele. Você deve seguir quatro passos para realizar essa tarefa:

1) analisar e separar;
2) coordenar;
3) cuidar e reparar;
4) organizar.

Analisar e separar

Esse passo pode ser adotado não apenas uma vez por ano, mas no começo de cada estação. Tire tudo de dentro do guarda-roupa e separe em três pilhas:

- ✔ *Fora*: nessa pilha coloque as roupas que você não usou no último ano, as que não lhe servem, as manchadas e desbotadas (que você não quer ou que não podem ser tingidas), as que não vestem bem – seja porque o modelo não privilegia seu tipo físico, seja porque a peça é ruim, malfeita. Se for difícil se desapegar de algumas peças, ou se você achar que algumas devem ser mantidas por mais um tempo, guarde-as longe daquelas que você usa no dia-a-dia, para que não roubem espaço no guarda-roupa.

- *Precisando de atenção*: aquelas que precisam de algum conserto ou limpeza, ou mesmo as que não combinam com seu estilo de vida ou tipo físico, mas que com alguns ajustes podem ser modificadas. Coloque nessa pilha também as peças com as quais você não tem o que usar e, antes de sair para comprar roupas que sejam coordenáveis com estas, use a criatividade e faça novas combinações com o que já possui. Você pode se surpreender ao descobrir que já tem peças para coordenar com aquelas.
- *Dentro*: as que lhe servem, que você usa, das quais gosta, que se ajustam à sua constituição física, seu estilo pessoal e estilo de vida, e aquelas que podem ser combinadas com outras peças de seu guarda-roupa.

Atenção: é muito importante experimentar as peças e avaliá-las em frente a um espelho de corpo inteiro (O quê, você não tem um?! Pois saia já para comprar, uma vez que somente ele lhe proporciona uma visão geral de seu *look*), olhando-se de todos os ângulos possíveis. Só assim você vai saber com certeza em que pilha colocar cada peça.

Coordenar

Esse passo acontece simultaneamente ao anterior, mas vez ou outra, principalmente quando você comprar novas peças, coordene-as com o que já possui. Transforme esse passo em mais um hábito para trazer versatilidade a seu guarda-roupa.

Faça combinações – mesmo aquelas que você nunca considerou –, aja com liberdade e criatividade, experimente, veja como a composição fica em seu corpo. Lembre-se de incluir os acessórios. Tire fotos do que mais gostou para não esquecer. A idéia aqui é quebrar velhos hábitos, que a impedem de multiplicar o que tem.

Fazendo esse exercício de coordenação, você com certeza identificará as peças que faltam, que poderiam dar ainda mais versatilidade a seu guarda-roupa – é comum que, com a compra de uma ou duas peças neutras e básicas, você consiga "desencalhar" uma variedade de outras peças que estão esquecidas porque você não tem com que usá-las. Anote tudo que falta e leve essa lista na carteira, assim ela sempre estará à mão quando você for às compras. Aos poucos, vá adquirindo essas peças.

Cuidar e reparar

É hora de solucionar o problema de todas as peças que foram para a pilha "precisando de atenção". Mas não pense que você só deve fazer isso durante a arrumação anual – zelar por suas roupas e acessórios deve ser um hábito. Examine-as regularmente em busca de botões caídos, barras descosturadas etc. Roupas de qualidade, com corte e cores adequados, não valem nada se não estiverem conservadas. Atenção aos detalhes realmente vale a pena – suas roupas e acessórios vão durar mais e manter por mais tempo a boa aparência, e você vai poder usá-los quando quiser ou precisar. Veja alguns hábitos que você pode (e deve!) adotar:

- Após usar *blazers* e jaquetas, pendure-os fora do armário por 24 horas, para que arejem.
- Faça isso também com seus sapatos e procure não usar o mesmo par dois dias seguidos.
- Nada de comprar uma peça e levá-la direto para o guarda-roupa – isso só vai adiar a oportunidade de usá-la. Passe-a antes de pendurar.

- Escove as peças antes de guardá-las, para eliminar fiapos e pelinhos.
- Não coloque roupas sujas de volta no armário – você não vai querer usá-las desse jeito.
- Não pendure roupas abertas ou desabotoadas, pois com o tempo elas se deformam, principalmente aquelas de tecidos mais delicados ou maleáveis.
- Certifique-se de que as roupas que você não vai usar na estação corrente estejam limpas antes de estocá-las em algum lugar.
- Mantenha seus sapatos polidos e engraxados – ocasionalmente, isso pode ser feito também com cintos e bolsas de couro.
- Suas roupas não precisam ser acomodadas dentro de sacos ou capas plásticas, ou de qualquer outro material, uma vez que já estão protegidas pelo guarda-roupa. As capas de plástico colaboram para o mofo, e aquelas feitas de outros materiais, normalmente mais escuros, impossibilitam que você veja a roupa e se lembre dela.

Organizar

Aqui vale a máxima "Quem não é visto não é lembrado". Deixe suas roupas e acessórios à vista e faça disso um hábito. Se você não tem espaço suficiente para expor tudo, estoque as peças fora de estação. Organizar o guarda-roupa dessa forma vai economizar seu tempo (nada de ficar prostrada, perguntando-se o que vestir) e seu dinheiro (você pára de comprar peças que já possui, mas das quais não se lembrava).

Aumente a área de visão, pendurando o máximo que puder (inclusive calças). Separe as roupas que são usadas da cintura para cima daquelas usadas da cintura para baixo. Pendure itens longos juntos, assim como os curtos; faça grupos de saias, calças, vestidos etc. – mesmo para os conjuntos, como os terninhos, assim você vai vê-los sempre como duas opções, e não uma só.

<table>
<tr><td rowspan="2">Vestidos e túnicas</td><td rowspan="2">Casacos longos</td><td>Blazers e jaquetas</td><td>Camisas e blusas</td></tr>
<tr><td>Calças</td><td>Saias e bermudas</td></tr>
</table>

- Separe os grupos também por cor – por exemplo, claras e escuras.
- Mantenha os acessórios também expostos e acessíveis.
- Use os cabides certos:
    - Cabides de madeira: *blazers*, jaquetas, camisas, vestidos, casacos etc. – peças com mangas.
    - Cabides de plástico duro (largos): peças sem manga.
    - Cabides forrados: peças delicadas, tecidos que marcam facilmente e até alguns tricôs.
    - Cabides com pegadores: saias e calças, sempre penduradas pelo cós, para que a barra não se deforme.

! **Atenção:** cabides de arame são perversos! Livre-se deles, pois deformam as roupas.

Como investir no guarda-roupa?

Trabalhando fora ou não, investir na imagem pessoal é investir em si mesma, e isso só melhora sua autoconfiança e sua auto-estima. Se você trabalha fora, um bom parâmetro é gastar em seu guarda-roupa no mínimo 5% do que ganha – e não há necessidade de ultrapassar 10%. Mas é preciso investir de maneira eficiente, assim você vai fazer seu guarda-roupa realmente trabalhar a seu favor. Isso não precisa lhe custar uma fortuna. Seguindo estas dicas, você vai gastar de forma muito mais coerente e sensata – comprando menos peças com mais qualidade.

Lembre-se: para calcular o verdadeiro custo/valor de uma peça, divida o preço dela pelo número de vezes que espera usá-la. Você deve gastar mais em peças que vai usar mais.

Normalmente, precisamos de 20% a 30% de peças para a "metade de baixo" e de 70% a 80% para a "de cima". Certifique-se de que seu guarda-roupa está equilibrado.

Uma boa forma de parecer sempre atualizada – e nunca se tornar escrava ou vítima da moda – é ter cerca de 60% do guarda-roupa composto por básicos. Eles são importantes porque são mais fáceis de coordenar e combinar com outras roupas. Básicos têm poucos detalhes, por isso podem ser combinados com outros básicos ou com peças bastante ousadas. Um bom exemplo é uma calça preta de alfaiataria, de corte reto e tecido de qualidade, sem detalhes. Ela pode ser coordenada a uma camisa de tricoline e um *escarpin* de salto médio para ir ao trabalho, ou a uma blusa de cetim decotada, da cor mais vibrante da estação, e sandálias de tiras bem finas, para ir a uma festa ou sair à noite. É nos básicos que você deve investir um pouco mais, porque poderá usá-los com uma freqüência impressionante.

Querida leitora, seguindo as dicas anteriores e sendo fiel a você (seu corpo e seu estilo), suas chances de ter um guarda-roupa versátil são enormes! Não perca essa oportunidade.

Como se vestir em ocasiões especiais

Quantas vezes você teve dúvidas sobre que roupa usar ao ser convidada para uma festa? Definir o "traje" ideal pode ser confuso... O que é, afinal, aquele tal "traje passeio completo" explicitado no convite do evento? E o que vestir num casamento pela manhã? Aqui vão algumas dicas para você não errar.

Rigor, *black tie*, *habillé* ou *tenue de soirée*

Pedem um traje (muito!) sofisticado, elegante, luxuoso.

Grau de formalidade e sofisticação da ocasião: altíssimo – o evento é muito especial!

Eventos como: premiações e comemorações importantes, bailes de formatura, entre outros.

Para não errar:

- ✓ Vá ao salão de beleza e capriche no cabelo e na maquiagem.
- ✓ *O traje*: além de vestidos, saias e *tops* elegantes também valem. O comprimento longo é o mais comum, mas você pode optar pelos mais curtos. Tecidos como tafetás, metalizados, brocados, *shantungs*, *georgettes*, rendas, cetins etc. (sempre luxuosos). Não precisa se prender ao "pretinho básico" – aposte em tons como rubi, petróleo,

carbono, violeta. Xales, boleros e casaquetos também de materiais de excelente qualidade ajudam a proteger do frio – assim como estolas e peles (falsas!). Opção aos vestidos: o *smoking* feminino.

- ✓ *Acessórios*: saltos altos e finos, sandálias de tiras delicadas; valem materiais como o cetim e as pedrarias. As bolsas devem ser pequenas e feitas de materiais requintados. Complemente a produção com jóias especiais ou bijuterias de altíssima qualidade.

Social ou passeio completo

O convite é para um evento muito especial e pede uma produção elegante e sofisticada.

Grau de formalidade e sofisticação da ocasião: alto (pouco menor que o do *black tie*).

Eventos como: jantares e celebrações especiais, óperas, formaturas.

Para não errar:

- ✓ Imprescindível ir ao salão de beleza para maquiagem e cabelo.
- ✓ *O traje*: vestidos (longos ou curtos), saias e *tops* bem luxuosos, *tailleurs*, terninhos (mais indicados para eventos profissionais), de tecidos elegantes, como *shantungs*, brocados, sedas, musselinas, crepes, rendas, tafetás etc. Valem bordados e brilhos, e fendas e decotes são permitidos, desde que o evento não seja profissional. Xales, estolas e boleros continuam valendo.
- ✓ *Acessórios*: sandálias e sapatos sofisticados, de salto alto. Pode optar por detalhes de pedraria e por calçados de cetim. As bolsas continuam pequenas e de materiais luxuosos. Bijuterias de alta qualidade ou jóias bem especiais.

Passeio ou *tenue de ville* (traje para a cidade)

E também se o evento pedir traje "esporte fino" – termo incorreto, mas muito usado. O *look* será mais relaxado, porém ainda se deve manter um toque de sofisticação – nem pense em usar *jeans*.

Grau de formalidade e sofisticação da ocasião: médio.

Eventos como: *vernissages*, conferências, convenções, eventos à luz do dia etc.

Para não errar:

- ✓ Cabelos bem tratados e maquiagem discreta ajudam, mas se puder vá ao salão de beleza, pelo menos para uma escova.
- ✓ *O traje*: vestidos (aproveite os modelos que estão na moda), terninhos e *tailleurs*, *blazers*, túnicas, calças, saias, pantalonas, blusas, camisas, batas etc. Tecidos como algodão, tricolines, jérseis, veludos, gabardines, tricôs de tramas fechadas e até sedas. Se o evento é noturno, um pouco de brilho, decotes moderados e até uma dose de transparência ficam liberados (os dois últimos, nunca em eventos profissionais).

- ✓ *Acessórios*: sandálias e sapatos de saltos altos e médios, bolsas médias ou grandes para o dia e pequenas para a noite, bijuterias interessantes, lenços e echarpes são opções para valorizar a produção.

Esporte

Traje esporte não é sinônimo de desleixo, não é a roupa que você usa para praticar esportes ou para ficar em casa. São eventos que pedem descontração, nunca descaso!

Grau de formalidade e sofisticação da ocasião: baixo, impera a casualidade.

Eventos como: aniversários infantis, batizados, churrascos, almoços com amigos etc.

Para não errar:

- ✓ Não precisa ir ao salão de beleza, mas o *look* bem cuidado é sempre uma boa pedida.

- ✓ *O traje*: vestidos e saias nos joelhos ou curtos, blusas, batas, túnicas, *jeans*, calças, capris, pantalonas, bermudas nos joelhos (ou logo acima), terninhos mais esportivos. Tecidos como algodão, brim, tricoline, crepes, viscolycra, tricôs de tramas fechadas ou abertas etc. Fendas e decotes podem ser usados com moderação (nunca em eventos profissionais).
- ✓ *Acessórios*: sapatilhas, rasteirinhas, anabelas, sandálias (de salto alto ou médio), tênis estilosos, botas. Bolsas médias ou grandes, de tecido, palha ou couro molengo – materiais mais casuais. Bijuterias completam o *look* – aproveite as que estão em alta na estação.

Casamentos

Queira você ou não, casamentos são ocasiões especiais, independentemente do horário escolhido. E suas roupas também devem ser especiais. Vestir-se com um mínimo de cerimônia mostra que você compartilha da idéia dos noivos e está retribuindo a gentileza do convite.

O que não deve entrar em nenhum casamento:

- *jeans*, tênis e camiseta (juntos ou separados), chinelos e rasteirinhas;
- decotes e fendas arrasadores, predominância de transparências e mínis (pelo menos não na igreja);
- barriga de fora;
- vestidos brancos ou creme, ou modelos que remetam ao *look* da noiva – bufantes, com saias mais armadas etc. Esse dia é dela, não seu;
- cabelo despenteado;
- sapatos esportivos (solados de borracha, madeira, cortiça etc.), botas;
- madrinha de calça comprida.

O que usar:

! *Casamentos pela manhã*: o tom é menos formal que o do casamento vespertino ou noturno, mas isso não significa casualidade.

- *Para não errar*: opte por comprimento no joelho para vestidos e saias; adote tecidos opacos (rendas, linhos, piquês etc.) e/ou bordados sem brilho; *tailleurs* e terninhos são permitidos. Sandálias e sapatos de salto médio ou alto. Se a cerimônia for no campo, evite saltos finos e muito altos.
- *Como seu acompanhante deve estar vestido*: ele pode optar por ternos claros (com ou sem gravata), ou *blazer* sobre calça social (que podem ter cores distintas). Caso não opte pelo terno, ele deve necessariamente usar um *blazer*.

! *Casamentos à tarde*: o tom já fica um pouco mais formal, mas sem exageros.

- *Para não errar*: opte por comprimento no joelho ou longo para vestidos e saias; invista em tecidos mais sofisticados, como sedas, crepes, musselinas, rendas etc. Pode haver brilhos, mas sem exagero – prefira detalhes. Bordados são bem-vindos. Sandálias e sapatos de salto (inclusive metálicos). Xales podem ser usados.

- *Como seu acompanhante deve estar vestido*: terno e gravata, de tons claros ou médios – até mesmo os escuros são aceitos.

! *Casamentos à noite*: o tom é de muita cerimônia. Sofisticação e elegância são importantes. Quanto mais tarde da noite, mais formal.

- *Para não errar*: opte por longos ou comprimento no joelho para vestidos e saias; os tecidos são sofisticados, preciosos, como tafetás, cetins, sedas, rendas etc. Brilhos e bordados são bem-vindos. Sandálias e sapatos de salto alto e fino (inclusive metálicos). Xales e estolas são opções. Bijuterias ou jóias podem ser mais extravagantes.
- *Como seu acompanhante deve estar vestido*: mais do que nunca, de terno e gravata. E o terno deve ser escuro (preto ou marinho), simples assim.

Como celebrar sua imagem e estilo pessoal

Aqui vão alguns conselhos que podem ajudá-la no seu relacionamento com as roupas – e, conseqüentemente, com seu estilo. São dicas simples, mas que têm a pretensão de trazer benefícios duradouros!

Tamanho não é documento. Algumas mulheres se preocupam mais com o número da roupa que usam do que com a maneira como essas peças vestem seu corpo. Se você é uma delas, esqueça já esses números ou letras – 36, 42, 46, P, M, G, GG... Você não deve comprar uma calça, por exemplo, porque ela é tamanho 38, mas porque lhe cai bem e a deixa ma-ra-vi-lho-sa, mesmo que na etiqueta conste o número 40 ou 42. Quando você compra roupas pequenas – só porque elas são do tamanho que gostaria de usar ou que usou por muito tempo –, pode apostar que você vai parecer maior (mais gordinha) do que é. Vista-se para o corpo que você tem hoje, para suas formas, suas proporções, sua personalidade. Mesmo que não esteja satisfeita com seu corpo – o que, diga-se de passagem, é a coisa mais comum do mundo –, não deixe que isso a impeça de aperfeiçoar seu estilo. Não deixe para amanhã o que você pode vestir hoje!

Invista em *lingeries* de qualidade. Sob suas roupas lindas, devem estar *lingeries* de caimento perfeito, que não marquem e que valorizem suas formas.

! Fique especialmente atenta no momento de comprar sutiãs – peça ajuda às profissionais da loja (aliás, vá a lojas especializadas!), encontre o tamanho de bojo e de costas ideal para você. Para certificar-se de que o sutiã lhe cai bem, vista a blusa sobre ele e dê uma olhada no efeito – não se esqueça de virar de costas também. E lembre-se: rendas e detalhes são lindos, mas os modelos mais básicos, de tecidos bem lisos, são os mais versáteis e os que menos marcam sob a roupa.

Se você quer parecer mais nova, não se vista como uma jovenzinha. Isso só a fará parecer mais velha, pois a comparação será diretamente com meninas bem mais novas. Se você adota o *look* "paquita" (minissaia ou shortinho, blusa curta e justa), por exemplo, esteja certa de que será comparada com uma menina daquela faixa etária – e, mesmo que você esteja com o corpo em forma, essa comparação será cruel. Abrace sua idade e vista-se de acordo com ela, valorizando o que você tem de melhor em cada fase da vida. Quanto mais madura você estiver, mais pronta estará para (re)descobrir seu estilo e ser fiel a ele, para explorar peças de *design* sofisticado, um pouco mais glamorosas e ousadas, e para usar acessórios mais extravagantes ou marcantes, desde que sejam adequados ao seu gosto.

! Também não vá para o outro extremo, achando que, após certa idade, tudo que você pode usar são peças sem graça, de cores sóbrias e neutras e corte quadrado, que não fazem nada por seu corpo. Traga um pouquinho de moda para sua vida!

Não deixe a moda escravizá-la, mas também não a expulse de sua vida. Mantenha-se atenta às novidades e adapte uma ou outra que você mais goste ao seu estilo pessoal. Isso a deixará com um ar antenado, contemporâneo e mais jovem. Mantenha-se informada sobre o que vem por aí.

Entenda por que você ama uma peça. Vista aquelas peças que você ama, com as quais se sente linda, e tente entender por que fica tão bem nelas e o que elas valorizam em você. Faça uma lista com os benefícios que elas trazem e anexe-a à sua lista de compras, para lembrar-se do que suas novas aquisições terão de fazer por você.

Entenda por que você não consegue usar uma peça. Faça o mesmo exercício sugerido no item anterior, mas com peças que não lhe caem bem.

Aproveite as liquidações, mas não se torne dependente delas. Não deixe para comprar somente quando há promoções. Planeje-se e adquira aos poucos o que você deseja ou precisa. Você merece levar para casa uma peça que comprou por pura paixão, e não só porque estava barata!

Tenha um guarda-roupa de acessórios. Isso permite que você tire o máximo proveito de cada *look*. Pense nisto:

- Você pode mudar seu *look* apenas mudando os acessórios.

- Você pode acompanhar as últimas tendências apenas adicionando alguns acessórios da moda a seus itens básicos.
- Trate botões como acessórios e lembre-se de que você pode mudar completamente a cara de uma peça apenas trocando os botões.
- Use acessórios para valorizar seus pontos fortes e tirar a atenção dos pontos que quer disfarçar.
- Se você usa óculos, também os trate como acessórios. Mude de estilo para expressar mensagens diferentes e adequar sua imagem às diversas ocasiões.

Como comprar melhor

Quando for às compras em busca de itens de que precisa, procure ir desacompanhada, assim você não se deixa influenciar por sua companhia, que pode impeli-la a comprar ou deixar de comprar algo.

Leve uma lista que contenha os itens de que você precisa; se possível, especifique por que precisa deles.

✓ Use a lista no final deste capítulo. Vá preenchendo-a a lápis e carregue o livro com você quando for às compras. Veja um exemplo de como preenchê-la:

Peça	Por que preciso dela
Calça cinza, de corte reto, lisa ou risca de giz, com a boca levemente mais larga	Para coordenar com *blazer* de couro chocolate, com *top* de seda amarelo e com camisa vinho

Comprar por impulso nem sempre é ruim – desde que o item fique divino em você! Mas tente minimizar esse tipo de compra.

Sempre que possível, compre no começo das estações – você vai ter mais opções de escolha e uma idéia da moda que vem por aí.

Use a Internet para descobrir peças que possam ser úteis ou de seu interesse. Confira *sites* de moda e de marcas que você ainda não conhece, busque novas alternativas – você pode se surpreender! Depois, é só rumar para as lojas.

Dedique tempo para conhecer lojas e marcas que ofereçam peças compatíveis com seu orçamento e que lhe caiam bem.

Não vá às compras após uma refeição pesada, pois você vai se sentir estufada, e isso pode distorcer a forma como avalia uma peça – você pode, por exemplo, acreditar piamente que uma calça que veste superbem está deixando-a gorda.

Assegure-se de que você pode se mover e se sentar confortavelmente com a peça que vai comprar. Faça um verdadeiro *test drive*: sente-se, levante-se, dobre-se, movimente-se. Observe como a peça se comporta. Às vezes, uma peça que fica linda quando você está em pé é um terror quando se senta. Observe-se de todos os ângulos. Aliás, leve um espelho de bolsa com você, assim sempre poderá ver como a peça fica de costas.

E não vá às compras sem levar na bolsa o *Pequeno livro de estilo – Guia para toda hora*. Assim, além de ter sua lista de compras com você, sempre que estiver em dúvida sobre uma roupa você pode dar uma espiada e tomar a decisão certa!

Peça	Por que preciso dela

Peça	Por que preciso dela

Querida Leitora,

Espero que você aproveite cada uma das dicas oferecidas em nosso Pequeno Livro. Que elas a ajudem a se sentir cada vez mais segura e satisfeita com sua imagem.

Obrigada por sua companhia!

Um grande abraço,

Ana Vaz

GLOSSÁRIO

Barra dupla: dobrada, em que normalmente o avesso aparece.

Barra italiana: barra dupla, com largura que varia de dois a três dedos.

Cintado: que já vem com cinto.

Decote canoa: de corte reto horizontal, bem rente ao pescoço (ver fig. 9, p. 116).

Decote careca: arredondado e rente ao pescoço, como o de camisetas.

Decote de tipo império: privilegia o busto, deixando o colo exposto (ver fig. 30, p. 169).

Decote xale ou gola xale: gola que envolve toda a volta dos ombros, como se fosse um xale (ver fig. 21, p. 128).

Em A: qualquer peça (vestido, saia, blusa, calça) com silhueta evasê, em forma de A, ou seja, triangular (que se alarga em direção à barra).

Em viés: peça cortada em sentido oblíquo.

Gola mao: também chamada de gola padre. Gola alta (cerca de dois centímetros), com abertura frontal.

Gola marinheiro: gola com nó frontal, que segue em diagonal divergente até os ombros e reta dos ombros até as costas (altura do sutiã). Gola como a das fantasias de marinheiro.

Gola padre: *ver* Gola mao.

Gola tartaruga: gola olímpica (alta).

Jaqueta de tipo *bomber*: com punho de elástico ou malha canelada na barra.

Jeans *bootcut*: com pernas ajustadas até a altura dos joelhos e que, a partir daí, se alargam suavemente em direção à barra.

Lapela: gola de *blazers* e casacos.

Manga japonesa: bem curta, de corte diagonal na altura dos ombros (ver fig. 16, p. 127).

Manga morcego: sai da cintura e normalmente não tem cava; imita as asas de um morcego (ver fig. 29, p. 169).

Manga quimono: semelhante às encontradas em quimonos, bem largas e retas.

Manga raglã (ou *raglan*): manga cuja linha da cava sai de baixo do braço e segue em diagonal até a base do pescoço.

***Off-white*:** tom de branco mais sujo, acinzentado.

Pala: parte da frente de blusa ou camisa, que fica abaixo do decote ou da gola e pode ser de tecido igual ou diferente do restante da peça (ver fig. 17, p. 127).

Pelerine: tipo de capa ou casaqueto em formato godê ou trapézio (ver fig. 5, p. 116).

Saia lápis: afunila-se em direção aos joelhos (ver fig. 10, p. 117).

Saia rabo de peixe: afunila-se até o meio das coxas e depois se abre até os joelhos (ver fig. 11, p. 117).

***Skinny jeans*:** com pernas bem retas e justas, inclusive na região das canelas.

Vestido de tipo coluna: de corte reto e soltinho, sem cintura marcada.

Vestido de tipo império: de cintura deslocada para o alto, posicionada sob o busto.

Vivo: detalhe de tecido diferente ou cor contrastante.